SISTEMA DE INFORMACIÓN CONTABLE I

SISTEMA DE INFORMACIÓN CONTABLE I

Perla Lezanski

Alicia Mattio

Susana Merino

Silvia Pasquali

EDITORIAL
MAIPUE

Sistema de información contable I
Perla Lezanski, Alicia Mattio, Susana Merino, Silvia Pasquali.

1ª edición, Febrero de 2008
4ª reimpresión, Marzo de 2018

Tel/Fax: 54 (011) 4624-9370 / 4458-0259 / 4623-6226
Zufriategui 1153 (1714) – Ituzaingó
Pcia. de Buenos Aires – República Argentina
Contacto: promocion@maipue.com.ar / ventas@maipue.com.ar
www.maipue.com.ar

ISBN: 978-987-9493-42-7

Pintura de Tapa: *Rastros*, óleo sobre tela de Stella Demarchi, 2007
Diseño de tapa: Disegnobrass
Diagramación: Paihuen
Corrección de textos: Paula Gómez

Sistema de información contable I / Perla D. Lezanski...[et.al.].. - 1a ed. - Ituzaingó: Maipue, 2008.

140 p. ; 27x19 cm.

ISBN 978-987-9493-42-7

1. Contabilidad.
CDD 657

Queda hecho el depósito que marca la Ley 11.723.

Libro de edición argentina.

ÍNDICE

CAPÍTULO 1: LAS ORGANIZACIONES Y LA INFORMACIÓN

CAPÍTULO 2: DOCUMENTOS COMERCIALES

CAPÍTULO 3: PROCESAMIENTO CONTABLE

CAPÍTULO 5: INTRODUCCIÓN A LOS ESTADOS CONTABLES

LAS ORGANIZACIONES Y LA INFORMACIÓN

1. LAS ORGANIZACIONES

1.01 Concepto

El individuo, buscando satisfacer sus necesidades, toma una serie sucesiva de decisiones y canaliza sus energías hacia el logro del objeto deseado que puede ser un valor o necesidad. Dicho comportamiento se desarrolla dentro de un ambiente, estructura o **sistema social**: las organizaciones.

Se llama organización al conjunto de personas que, actuando según un orden establecido, se juntan porque poseen una meta en común y un mismo objetivo por lograr. Para alcanzarlos necesitan recursos (humanos, materiales, etc.) que se integran actuando con coherencia, eficacia y coordinación.

Analicemos distintas situaciones:

a. ¿Un colectivo de pasajeros, es una organización?

- Está formado por un grupo de personas: conductor y pasajeros.
- Deben actuar según un orden establecido: comprar un boleto, bajar por la puerta trasera, etc.
- Poseen una meta: llegar a un destino. No es una meta en común, ya que los pasajeros van a diferentes lugares; un pasajero viaja para llegar a la universidad, otro a su trabajo, etc.

En cambio la empresa de transporte de pasajeros constituye una organización; todos sus integrantes persiguen las mismas metas: ofrecer un servicio y ganar dinero.

b. ¿Un hospital, es una organización?

- Está formado por un grupo de personas: director, médicos, enfermeras, bioquímicos, etc.
- Tienen un orden establecido: personal que trabaja en consultorios externos, salas de internación, quirófano, laboratorios; todos con horarios y funciones específicas.

Los equipos de trabajo son la clave del éxito.
Imagen de Sachin Ghodke.

Vocabulario

Necesidad: carencia de algo.

Sistema social: red de relaciones entre personas que actúan en un marco pertinente, para lograr propósitos determinados.

Vocabulario

Gestión: consiste en realizar actividades conducentes al logro de los objetivos propuestos.

Control: comprobación, inspección, fiscalización, intervención.

Teorías: conocimiento considerado independientemente de toda aplicación (sin haberlo comprobado en la práctica).

Modelos: esquema teórico de un sistema o de una realidad compleja (por ejemplo la evolución económica de un país), que se elabora para facilitar su comprensión y el estudio de su comportamiento.

Hipótesis: suposición de una cosa posible o imposible para sacar de ella una consecuencia.

Método científico: es aquel que estudia la realidad tratando de conocerla mediante la observación.

➜ Poseen una meta: el cirujano operar, la enfermera asistir a los enfermos, etc. Apuntan a un objetivo en común: atender la salud de la comunidad.

Por lo tanto, el hospital es una organización.

A través del tiempo las organizaciones se fueron haciendo más grandes y complejas, por lo que en la actualidad se les presenta la necesidad de usar tecnologías de última generación.

La razón de ser de las organizaciones reside en los objetivos que ellas pretenden cumplir. Para alcanzar esos objetivos, es relevante contar con una adecuada conducción y administración. Ésta se logra implementando una serie de acciones y estrategias, siendo las más importantes la **planificación**, la **gestión**, el **control** y la **evaluación**.

La administración es una disciplina científica: quiere decir que elabora teorías, modelos e hipótesis sobre las organizaciones, utilizando el método científico, haciendo posible la toma de decisiones correctas, a partir de información precisa, útil y oportuna.

Administrar una organización significa:

➜ Decidir qué hacer .... fijar objetivos

➜ Determinar cómo hacerlo .... planificar

➜ Hacerlo .... gestión

➜ Verificar lo que se ha hecho .... control

➜ Valoración de los procesos anteriores .... evaluación

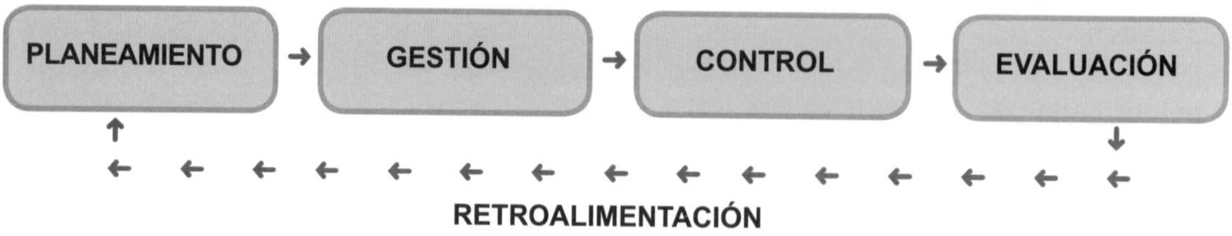

Imágenes de Daniel Wildman.

Distintos autores analizaron la administración, desde variados enfoques, entre ellos:

- Henry Fayol (1841-1925): ve a la empresa como un conjunto de funciones.
- Elton Mayo (1880-1949): hace hincapié en que es un grupo humano.
- Chester Barnard (1886-1961): para él la organización es un sistema de fuerzas o actividades personales organizadas en forma consciente.
- Herbert Simon (1916-2001): explica a la organización a través del proceso de toma de decisiones.
- Representantes de la Escuela de Sistemas (siglo XIX): perciben a la organización como un sistema abierto, artificial, complejo, etc.

Todas las perspectivas son válidas y contribuyen al estudio de esta disciplina, que constituye el hilo conductor de la organización.

1.02. Tipos de organizaciones

Con fines de lucro: su propósito es ganar dinero. Por ejemplo: Las empresas, los bancos, etc.

Sin fines de lucro: su propósito no es ganar dinero, tienen fines no económicos. Por ejemplo: hospitales, escuelas, clubes, etc.

> Toda empresa es una organización pero no toda organización es una empresa, ya que en una empresa está presente el propósito de lucro, requisito que no siempre mueve a una organización.

1.03. Características de las organizaciones

La mayor parte de las organizaciones tienen similitudes:

- ➜ Dan trabajo y generan empleo.
- ➜ Crean y elaboran productos o servicios para satisfacer necesidades.
- ➜ Crean, transmiten y reciben manifestaciones de la cultura.
- ➜ Son espacios de desarrollo personal y profesional.
- ➜ Poseen valores, creencias, normas, lenguajes, conocimientos, códigos de comportamiento y formas de actuar que son conocidos y compartidos por sus miembros; le son propios e identificatorios, y conforman su cultura organizacional.

Éstas son sólo algunas de las características que intentan describir a las organizaciones, que han ido evolucionando para acompañar cambios tecnológicos, sociales y económicos.

1.04. Ambiente interno y externo

Lo que sucede dentro y fuera de una organización (ambiente interno y externo o contexto), condiciona la percepción que de ella se puede tener.

Una organización no vive aislada sino que, como todo sistema, es influida por el contexto.

Vocabulario

Contexto: elementos y actores externos relevantes para el desempeño de las organizaciones.

Te voy a enviar a un seminario para aprender a ser más productivo y trabajar más

Glasbergen - Recursos Humanos.

Es afectada por el intercambio realizado entre la organización y el mercado en el que ésta se desenvuelve.

El ambiente interno tiene sus propias características. Aunque pertenezcan al mismo rubro y tengan similitudes operativas, no es posible que dos organizaciones sean iguales.

Son componentes del ambiente externo: proveedores, clientes, etc.

Y del ambiente interno: las personas, los procesos, las relaciones de autoridad, etc.

1.05. Recursos

Son los elementos con que cuenta la organización, aquellos que necesita para realizar actividades y alcanzar los objetivos propuestos. Varían de acuerdo a la actividad de la organización y sus particularidades.

Los recursos pueden ser:

- ➜ Humanos (personas).
- ➜ Materiales (edificios, maquinarias).
- ➜ Intelectuales (ideas, conocimiento e información).
- ➜ Tecnológicos (todo lo relacionado con las comunicaciones y la informática).
- ➜ Naturales (los que provee la naturaleza).
- ➜ Energéticos (electricidad, etc.).

1.06. Empresa

Es una organización con fines de lucro que desarrolla actividades económicas, consistentes en la producción o venta de bienes y servicios al mercado. Esto le permite obtener beneficios y además, al ofrecer fuentes de trabajo y colaborar con el progreso y bienestar de la población, cumplir un rol social. Desde el punto de vista de la economía, es uno de los agentes económicos que reúne a los tres factores de la producción: **naturaleza**, **trabajo** y **capital.**

Las empresas, en pos de su crecimiento, persiguen objetivos y metas en distintas áreas.

Objetivo: es el fin último que se procura alcanzar.

Metas: son objetivos intermedios que llevan a la concreción del objetivo principal.

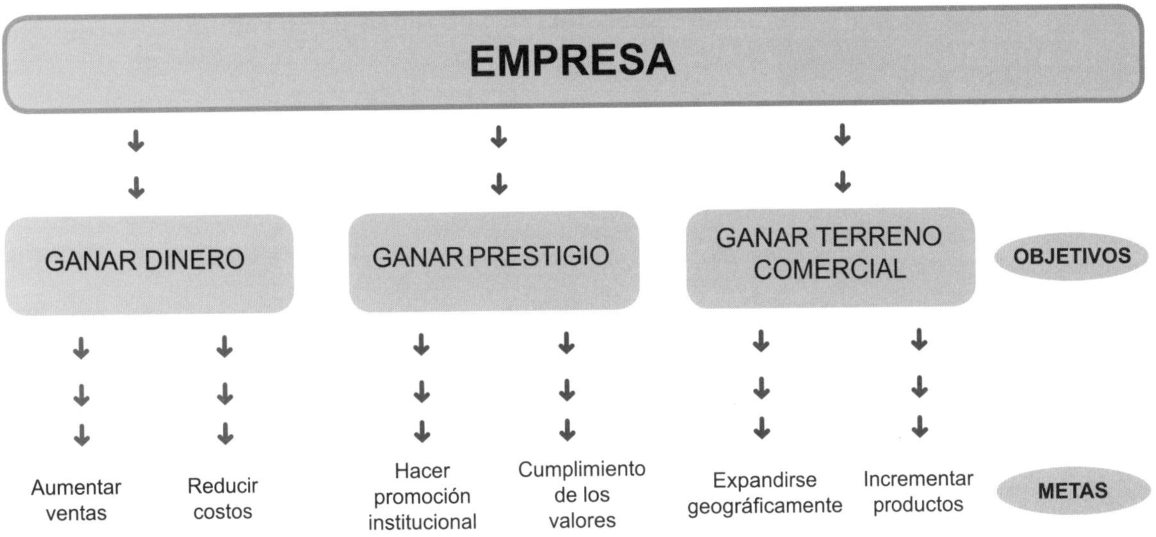

1.06.1 Clasificación

1. Según su localización

- Nacionales: actúan dentro de un país.
- Regionales: su zona de influencia abarca una determinada región.
- Internacionales: interactúan con otros países.
- Multinacionales: se establecen en dos o más países para realizar y controlar actividades productoras o de servicios.
- Transnacionales: están por encima de las fronteras, su dirección se encuentra en manos de diferentes nacionalidades.

2. Según su tamaño

- Grandes empresas: realizan un gran volumen de operaciones, con nivel alto de tecnología, capital y personal ocupado.
- Medianas empresas: tienen un nivel medio de tecnología, capital y personal ocupado.
- Pequeñas empresas: generalmente son empresas familiares o unipersonales.
- PyMes: el término agrupa a las pequeñas y medianas empresas.

  Fue creado por la ley 24.467 de 1995, cuyo objetivo es impulsar este tipo de organizaciones otorgándoles ciertas ventajas, de índole laboral, financiero y comercial. Por ejemplo: pago de aguinaldo en cuotas, mayor acceso a crédito bancario y facilidad para insertarse en mercados externos.

3. Según sea la propiedad de su capital

- Públicas: el propietario es el Estado.
- Privadas: los propietarios son particulares.
- Mixtas: pertenecen al Estado y a particulares.

Vocabulario

Sociedad Anónima (SA): sociedad cuyo capital esta dividido en acciones, con responsabilidad, circunscrita al capital que ésta representa.

Sociedad de Responsabilidad Limitada (SRL): sociedad cuyos socios tienen responsabilidad limitada al capital suscripto e integrado.

Toda adquisición: toda compra.

Título oneroso: es pagar un precio en dinero.

Cosa mueble: son todos los bienes que pueden ser trasladados de un sitio a otro, sin cambiar su estructura.

Derecho sobre ella: el uso de un bien a cambio de un pago.

Lucrar: ganar.

Enajenación: venta.

Mismo estado en que se adquirió: compra sin posterior transformación.

Forma de mayor o menor valor: modificando su aspecto o estructura.

4. Según sea la nacionalidad de su capital

- ➜ Nacionales
- ➜ Extranjeras

5. Según sea su actividad

- ➜ Extracción de recursos naturales (primaria): minería, agricultura, ganadería, etc.
- ➜ Industriales (secundaria): fabrican los productos que luego venden al mercado, por ejemplo una empresa textil.
- ➜ Comerciales (terciaria): compran productos ya elaborados para su reventa, por ejemplo una tienda de ropa.
- ➜ De servicios (terciaria): realizan actividades en beneficio de sus clientes, por ejemplo una tintorería.

6. Según sea su tipo legal

- ➜ Unipersonales: el dueño es una única persona física.
- ➜ Sociedades: la propiedad no es de una sola persona y puede adoptar cualquiera de los tipos previstos por la ley de Sociedades Comerciales N° 19.550 (por ejemplo SA, SRL, etc.)

1.07 Comercio

El comercio es la actividad que se realiza comprando, vendiendo o permutando bienes y/o servicios con el fin de obtener beneficios.

El Código de Comercio, en su artículo N° 8, dice que acto de comercio es "toda adquisición a título oneroso, de una cosa mueble, o de un derecho sobre ella para lucrar con su enajenación, bien sea en el mismo estado en que se adquirió o después de darle otra forma distinta de mayor o menor valor"

Es decir, un acto de comercio consiste en :

Adquirir una cosa mueble

↓

pagando un precio

↓

para venderla

↓

y obtener una ganancia

1.07.1 Clasificación del comercio

- Según el volumen de operaciones.

→ Al por menor: es el que se efectúa en pequeñas cantidades. Ej.: Minorista a consumidor final.

→ Al por mayor: es el que se efectúa en grandes cantidades. Ej.: entre mayoristas y minoristas.

- Según el ámbito en que se desarrolla

a) Interno o nacional: se realiza dentro del país.

b) Internacional: se realiza con países del exterior, ya sea efectuando compras (importación) o vendiendo (exportación).

c) De tránsito: se refiere al paso de las mercaderías por un país, desde su lugar de origen, para llegar al país destinatario. Ej.: mercaderías que provienen de Chile, pasan por Argentina para llegar a Uruguay.

- Según el medio de transporte utilizado

1) Terrestre.
2) Acuático.
3) Aéreo.

1.08 Comerciante: concepto y requisitos

Se entiende por comerciante a todo individuo que revende productos y/ o servicios. Son consideradas como tales las personas que reúnan los siguientes requisitos:

→ Capacidad legal para contratar: esta capacidad la tienen los mayores de 21 años o los menores emancipados, lo que implica estar equiparado con un mayor de edad sin serlo. La emancipación puede obtenerse a los 18 años cumplidos. Se logra a través de un matrimonio realizado con autorización de padre, madre, tutor, o juez y, también, si los padres, un tutor o un juez la autorizan.

→ Ejercicio por cuenta propia de actos de comercio: esto significa que los comerciantes asumen la responsabilidad de todas las operaciones comerciales realizadas por ellos.

→ Profesión habitual: se refiere a hacer del comercio un medio de vida. Por ejemplo, no se considera profesión habitual si un docente vende ocasionalmente ropa ya que ejerce actos de comercio, pero no es comerciante.

1.08.1 Incapacidad para ejercer el comercio

No pueden ejercer el comercio:

a) Por incapacidad física: los dementes y sordomudos que no saben darse a entender por escrito.

b) Por incapacidad legal: los interdictos, los quebrados no rehabilitados -personas que contrajeron más deudas de las que podían asumir-, los menores no emancipados o autorizados.

c) Por incapacidad del estado: los clérigos, jueces y magistrados civiles -secretario del juez- dentro de su jurisdicción.

1.09. Registro Público de Comercio

Es donde se anotan todos los actos referidos al comercio. Allí se realiza la inscripción de sociedades, inscripción de comerciantes, rúbrica de libros, autorización de menores, etc.

La matrícula se obtiene en la Inspección General de Justicia. Consiste en la inscripción del comerciante para obtener un número que lo habilita

Permite:

- → Controlar los contratos de la sociedad.
- → Garantizar la buena fe de los comerciantes.
- → Controlar la capacidad legal de cada comerciante.

1.10 Derechos y obligaciones de los comerciantes

Obligaciones:

- → Obtener la matrícula de comerciante en la Inspección General de Justicia.
- → Llevar su contabilidad y tener los libros de comercio indispensables para tal fin.
- → Conservar los libros y la correspondencia comercial durante 10 años.
- → Rubricar los libros de contabilidad en el Registro Público de Comercio.
- → Rendir cuentas ante la autoridad correspondiente. Por ejemplo, atender y cumplir con lo requerido por un inspector de la AFIP-DGI.

Derechos:

- → Solicitar concordato, es decir acuerdo con los acreedores con el propósito de conseguir una disminución de la deuda o un plazo mayor para el pago de la misma.
- → Solicitar autorización para pagar con interés o en cuotas una deuda.
- → Rehabilitación, se solicita después de una quiebra y todo comerciante puede tener este permiso otorgado por un juez para volver a ejercer el comercio.
- → En caso de intervención en un juicio, utilizar sus libros como medio de prueba, si han sido llevados correctamente.

Mafalda, por Quino.

1.11 Sistema

1.11.1 *Introducción*

La teoría de los sistemas ayuda a entender el concepto de organización.

Para tener una visión abarcadora e integradora de la misma, pueden adoptarse dos enfoques complementarios:

ENFOQUE SISTÉMICO	ENFOQUE ANALÍTICO
Destaca las interacciones de los elementos que componen la organización. Se centra en la percepción global. Modifica grupos de variables en forma simultánea.	Se basa en cada elemento en particular. Se centra en la precisión de los detalles. Modifica una variable a la vez.

↓ Su aporte es muy significativo para entender a las organizaciones como sistemas

1.11.2 *Concepto*

Un sistema es un conjunto organizado de elementos que trabajan coordinadamente para cumplir un objetivo común, y que funcionan de manera interdependiente, ya que si uno falla, todo el sistema se altera.

Todo sistema cumple tres etapas:

1) Entradas o *inputs*, datos y/o elementos con los que opera.
2) Proceso, transformación de los datos.
3) Salidas o *outputs*, resultados obtenidos.

Ejemplo

Una orquesta es un sistema en el cual cada músico ejecuta un instrumento diferente pero si uno desafina desmerece toda la pieza musical. El *input*, sería la partitura; el proceso, la ejecución de los instrumentos y el *output*, la melodía.

1.11.3 *Los sistemas se clasifican en:*

a) Abiertos, cuando se relacionan y producen intercambios con el entorno. Es decir, que están en relación con los demás sistemas que los rodean y también con aquellos de los que forman parte. Sin conexión ni intercambio con el medio que rodea las organizaciones, seria difícil la supervivencia de las mismas.

b) Cerrados, no realizan intercambios con su entorno, o sea, no tienen conexión con el medio que los rodea.

1.11.4 Sistema de información

Es una unidad compleja formada por elementos humanos, materiales, tecnológicos, que se interrelacionan para recopilar datos, ordenarlos y transformarlos en información útil. Ésta será analizada y aplicada en el momento oportuno, con el fin de ayudar a las organizaciones para una correcta toma de decisiones.

Los sistemas de información utilizan datos que provienen:

a) **Del exterior** y se obtienen por medio de encuestas, entrevistas, estadísticas, noticias o de la relación con instituciones gubernamentales, bancarias, etc.

b) **Del interior**, que básicamente están integrados por sistema de información contable (documentos comerciales, libros de comercio, etc.).

A medida que las organizaciones crecen y se constituyen en sistemas más complejos se descomponen en subsistemas. Cada organización tendrá los subsistemas que considere más convenientes.

Uno de los subsistemas del **sistema de información** es el de la **información contable** que tiene como función suministrar elementos al sistema de información general de la empresa u organización a partir de la contabilidad.

La contabilidad es la disciplina que a partir de la documentación permite el registro de las operaciones comerciales en los libros correspondientes, brindando la información necesaria para poder efectuar una correcta planificación, gestión, control y evaluación.

1.12 Cualidades de la información

a. Útil: que sirva para la consecución de los objetivos
b. Confiable: veraz
c. Integra: completa
d. Representativa: esencial y aproximada a la realidad
e. Prudente: sensata y medida
f. Objetiva: imparcial
g. Verificable: comprobable
h. Oportuna: a tiempo
i. Clara: entendible
j. Comparable: susceptible de ser relacionada con otra información similar

1.13 Normas legales y profesionales

Existe un marco jurídico que:

➔ Obliga a las organizaciones a emitir Estados Contables en forma periódica, debiendo ser expuestos ante los requerimientos de los inversores, bancos, AFIP-DGI, para que conozcan la situación patrimonial, económica y financiera de la empresa.

➔ Regula la forma y el contenido de los Estados Contables que los contadores deberán presentar.

Vocabulario

Subsistemas: son sistemas más pequeños en los que se descompone un sistema mayor.

Los ***Estados Contables*** son informes periódicos que reflejan la:

1) Situación patrimonial, es decir los bienes propios, derechos a cobrar y deudas.
2) Situación económica, las pérdidas y ganancias.
3) Situación financiera, se refiere a los pagos y cobranzas.

Las ***normas contables*** profesionales son criterios técnicos utilizados como guía de las acciones que fundamentan la presentación de la información.

El sistema normativo está formado por:

- Normas legales. Son las originadas en el Código de Comercio, la Ley de Sociedades Comerciales (n° 19.550), normas emitidas por Inspección General de Justicia (IGJ) o de Personas Jurídicas, Banco Central de la República Argentina (BCRA), Comisión Nacional de Valores, etc.
- Normas profesionales. Surgen de investigaciones y estudios realizados; son emitidas y aprobadas por el Consejo Profesional de Ciencias Económicas, la Federación Argentina de Consejos Profesionales de Ciencias Económicas, el Colegio de Graduados en Ciencias Económicas, la Federación Argentina de Graduados en Ciencias Económicas. Sus resoluciones técnicas (RT) son publicadas en el Boletín Oficial.

Vocabulario

Boletín oficial: diario de publicaciones legales.

1.14. Sistema de información contable

Cumple el siguiente proceso:

Entrada → **Proceso** → **Salida**

- **Entrada**: Hechos económicos, comprobantes de compra, venta, pagos y cobros.
- **Proceso**: Forma manual o computable.
- **Salida**: Información (estados contables, informes, etc.).

Las operaciones básicas de una empresa que impulsan este circuito son:

1) Compras.
2) Ventas.
3) Pagos.
4) Cobros.

Estas operaciones son respaldadas por los documentos comerciales que las detallan y comprueban.

Actividades

Actividad N° 1

Colocar verdadero (V) o falso (F) según corresponda, y justificar:

a) Coherencia es relacionar recursos y medios. V o F

b) Una adecuada conducción es el pilar fundamental de cualquier organización. V o F

c) La buena información sólo proviene del ambiente externo. V o F

d) Todas las organizaciones tienen objetivos y metas que cumplir. V o F

Justificación

a ....

b ....

c...

d ....

Actividad N° 2

La siguiente lista enumera diferentes tipos de trabajo. Según el tipo de actividad económica con la que se correspondan, ubicar a cada uno en el cuadro dado a continuación.

Sembrar maíz
Vender flores
Vender autos
Conducir trenes
Extraer minerales
Confeccionar ropa
Animar fiestas

Fabricar muebles
Plantar árboles
Construir casas
Criar cerdos
Vender frutas
Aplicar inyecciones
Vender telas

Elaborar queso
Curar enfermos
Limpiar calles
Fabricar auto partes
Pescar mejillones
Hacer muñecos

Actividad	Primaria	Secundaria	Terciaria

Actividad N° 3

¿Cuáles de las actividades realizadas por estas personas son actividades económicas? Marcar con una cruz.

Ariel:

- ❑ Es vendedor de autos.
- ❑ Por la noche es remisero.
- ❑ Practica paddle en un club municipal.

Nicolás:

- ❑ Estudia en la Universidad de Buenos Aires.
- ❑ Practica básquet en un club privado.
- ❑ Trabaja en un pub por la noche.

Sol:

- ❑ Realiza tareas hogareñas.
- ❑ Vende productos de belleza entre sus amigas.
- ❑ Va al supermercado.
- ❑ Realiza tareas de costura.

Caro:

- ❑ Estudia polimodal en un colegio privado.
- ❑ Concurre a un taller literario en un centro cultural municipal.
- ❑ Ayuda a su parroquia.
- ❑ Compra ropa.

Actividad N° 4

a) Marcar con una X quiénes son considerados comerciantes.

- ❑ Una persona que vende su auto.
- ❑ Un vendedor ambulante.
- ❑ Un artesano.
- ❑ Un contador que trabaja en forma independiente.
- ❑ Un carpintero que fabrica y vende muebles.
- ❑ Una persona que se dedica a transportar mercaderías.
- ❑ Un médico que trabaja en un hospital.

b) Marcar con una X quiénes tienen capacidad para ejercer el comercio.

- ❑ Un profesor.
- ❑ El secretario de un juez fuera de su jurisdicción.
- ❑ Un ciego.
- ❑ Un analfabeto.
- ❑ Una persona de 18 años con autorización legal.
- ❑ Un sordomudo (que sabe escribir).
- ❑ Un clérigo.
- ❑ Una persona de 17 años casada.
- ❑ Un abogado.
- ❑ Un albañil.
- ❑ Un preso que recuperó la libertad.

Actividad N° 5

Redactar las referencias del siguiente crucigrama.

1)							**C**	O	N	T	R	O	L															
2)	D	E	R	E	C	H	**O**	S		D	E		L	O	S		C	O	M	E	R	C	I	A	N	T	E	S
3)					C	O	**M**	E	R	C	I	A	N	T	E	S												
4)							**E**	M	P	R	E	S	A															
5)				L	I	B	**R**	O	S		D	E		C	O	M	E	R	C	I	O							
6)							**C**	O	N	T	E	X	T	O														
7)						S	**I**	S	T	E	M	A																
8)							**O**	R	G	A	N	I	Z	A	C	I	O	N										

1) ______________________________
2) ______________________________
3) ______________________________
4) ______________________________
5) ______________________________
6) ______________________________
7) ______________________________
8) ______________________________

Actividad Nº 6

a- Buscar en diarios y revistas tres notas sobre empresas y recortarlas.

b- Subrayar las ideas principales.

c- Extraer de las notas el vocabulario económico. Buscar en el diccionario el significado de los términos hallados.

d- Resumir el contenido de cada una de las notas.

e- Dar una apreciación personal sobre dichos contenidos.

DOCUMENTOS COMERCIALES

2.1 Importancia

Podría afirmarse que la actividad comercial propiamente dicha consiste en la realización de **transacciones**, pero tan importantes como éstas son los documentos comerciales que dan testimonio de las mismas, otorgan respaldo jurídico y constituyen la base de la registración contable.

Son las constancias escritas de todas las operaciones comerciales que se realizan.

El documento comercial individualiza a la persona que interviene, es un medio de prueba ante cualquier problema que se presente y también es una fuente de registro. Por ley deben ser conservados durante 10 años a partir de la fecha de emisión.

La mayoría de los documentos comerciales pueden contener los siguientes datos:

Encabezamiento

→ Nombre o razón social
→ Domicilio
→ Nombre del comprobante
→ N° del comprobante
→ Fecha de emisión
→ N° de CUIT (clave única de identificación tributaria)
→ N° de Ingresos Brutos
→ Fecha de inicio de actividades
→ Condición frente al IVA del comprador y el vendedor

Vocabulario

Transacción: intercambio de bienes o servicios con la utilización de dinero.

Pie del documento

→ Datos de la empresa que lo confeccionó
→ N° de habilitación municipal
→ Desde y hasta que número se imprimió el documento
→ Fecha de vencimiento del documento
→ Código de autorización de impresión (CAI) para los formularios A y B

La documentación comercial que debe llevar fecha de vencimiento es aquella autorizada por la AFIP, por ejemplo, las identificadas con las letras A, B, R.

2.2 Orden de compra

Documento emitido por el comprador al vendedor para encargar un pedido.

El original es para el vendedor e implica que debe preparar el pedido.

El duplicado es para el comprador y es una constancia de las mercaderías o servicios encargados.

Es el documento formal que utiliza el departamento de compras para requerir mercaderías, servicios o materiales. Debe ser concreto, claro y especifico en lo que solicita. Antes de emitirlo, es conveniente enviar una solicitud de cotización a cada uno de los proveedores para comparar precio, forma de pago y calidad.

NOMBRE DE FANTASÍA (Opcional)

Razón social

Domicilio completo

IVA VENDEDOR

X

ORDEN DE COMPRA

N° 0001-00000000

FECHA: ..../........../ ....

C.U.I.T:
INGRESOS BRUTOS:
INICIO DE ACTIVIDADES

Señor (es)
Domicilio
Localidad

IVA COMPRADOR: C.U.I.T. N°:

Sírvanse entregar en los plazos y condiciones estipulados, los bienes que a continuación se detallan:

CANT.	DESCRIPCIÓN	P. UNIT.	IMPORTE

Plazo y Lugar de Entrega:

TOTAL $

DATOS IMPRENTA
FECHA DE IMPRESIÓN - NUMERACIÓN (DESDE..... HASTA....)

ORIGINAL BLANCO
DUPLICADO COLOR

2.3 Remito

Es un documento que emite el vendedor, está destinado al comprador y acompaña a las mercaderías vendidas o a un servicio como comprobante de su entrega o realización respectivamente.

El original es para el comprador, que consigna con su firma o sello que ha recibido la mercadería.

El duplicado es para el vendedor y es un documento que confirma que las mercaderías fueron recibidas y aceptadas por el comprador en tiempo y forma.

El triplicado es para el transportista y, en este sentido, es un documento de control de su entrega.

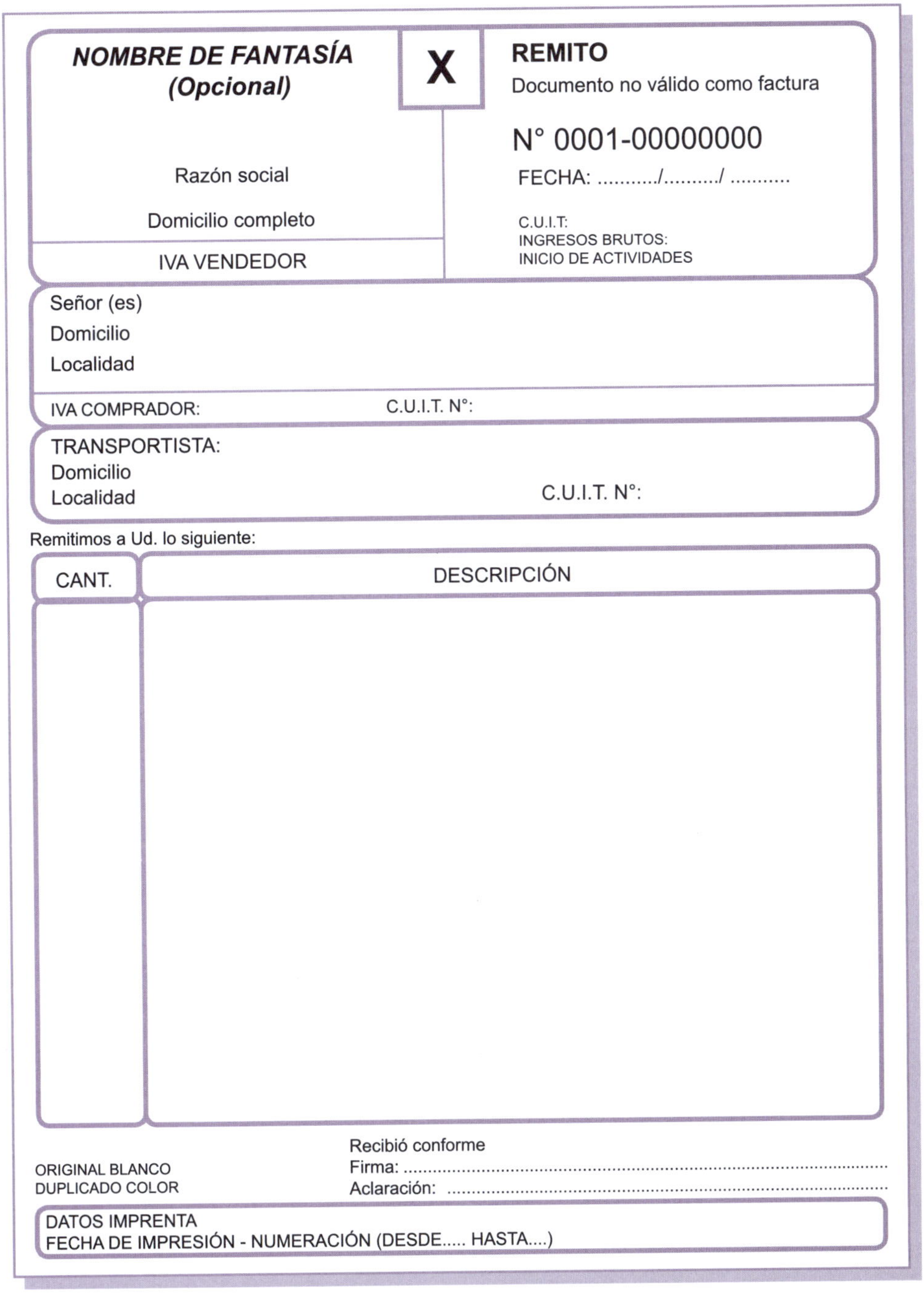

NOMBRE DE FANTASÍA (Opcional)

Razón social

Domicilio completo

IVA VENDEDOR

X

REMITO

Documento no válido como factura

N° 0001-00000000

FECHA: ..../........../ ....

C.U.I.T:
INGRESOS BRUTOS:
INICIO DE ACTIVIDADES

Señor (es)
Domicilio
Localidad

IVA COMPRADOR: C.U.I.T. N°:

TRANSPORTISTA:
Domicilio
Localidad C.U.I.T. N°:

Remitimos a Ud. lo siguiente:

CANT.	DESCRIPCIÓN

ORIGINAL BLANCO
DUPLICADO COLOR

Recibió conforme
Firma: ....
Aclaración: ....

DATOS IMPRENTA
FECHA DE IMPRESIÓN - NUMERACIÓN (DESDE..... HASTA....)

En lo que respecta a la letra que identifica a este documento y los requisitos que debe tener en cuenta la imprenta, varían según el responsable:

1) En el caso de los Responsables Inscriptos, los remitos deberán contener los siguientes datos:
   a) La letra "R" como identificación
   b) La fecha de inicio de las actividades
   c) Una leyenda indicando que es un documento no válido como factura
   d) En el pie del documento, en los datos de la imprenta se indicará el número de CAI y la fecha de vencimiento
2) Cuando se trata de No Responsables, Exentos y Monotributistas emiten Remitos con los siguientes datos:
   a) La letra "X" como identificación
   b) Con respecto a la fecha de inicio de las actividades es indistinto colocarla o no.
   c) Una leyenda indicando que es un documento no válido como factura.

2.4 Factura

Es un documento que envía el vendedor al comprador, en el cual acredita legalmente una operación de compra-venta. En la factura se consignan detalladamente los artículos que el proveedor envía al comprador, la cantidad, el precio unitario y el final, la forma de pago, etc.

El original es para el comprador y representa la constancia de una compra realizada a plazo o al contado. El duplicado es para el vendedor y representa la constancia de una venta realizada a plazo o al contado.

La AFIP- DGI (Dirección General Impositiva) clasifica a los contribuyentes para el pago del IVA (Impuesto al Valor Agregado) en distintas categorías. Según quien emita y quien reciba la factura, esta llevará la letra A, B o C.

TIPO DE CONTRIBUYENTE	CARACTERIZACIÓN
RESPONSABLES INSCRIPTOS	Son los sujetos que efectúan ventas, locaciones y/o prestaciones de servicios, alcanzados por el IVA en tanto y en cuanto el monto anual de sus operaciones supere un determinado tope fijado por la AFIP.
MONOTRIBUTISTAS	Son aquellos que pertenecen a un régimen integrado y simplificado que abarca: IVA, ganancias y sistema previsional. El volumen de sus operaciones no supera el monto fijado por la AFIP. Pueden optar por ser RI.
NO RESPONSABLES	No están alcanzados por el impuesto.
CONSUMIDOR FINAL	Son aquellos que destinarán el bien o servicio adquirido al consumo particular. Sobre ellos recae, en definitiva, el IVA.
EXENTOS	Son actividades que por su naturaleza se encuentran dentro del ámbito del IVA, pero en virtud de la propia ley del impuesto o de otras leyes, se dispone que no generen IVA en la venta, pero sí que se pague en las compras.

TIPO DE FACTURA	EMISOR	RECEPTOR
A (Discrimina IVA)	RI	RI
B (El RI deberá segregarlo al realizar sus anotaciones contables)	RI	Monotributista, exento, Consumidor final, no responsable
C	Monotributista, Exento, No responsable	Cualquiera

Vocabulario

Segregar: discriminar, separar.

NOMBRE DE FANTASÍA (Opcional)

A
CÓD. 01

FACTURA

N° 0001-00000000

Razón social

FECHA: ..../........../ ....

Domicilio completo

C.U.I.T:
INGRESOS BRUTOS:
INICIO DE ACTIVIDADES

IVA RESPONSABLE INSCRIPTO

Señor (es)
Domicilio
Localidad

IVA: RESPONSABLE INSCRIPTO   C.U.I.T. N°:

CANT.	DESCRIPCIÓN	P. UNIT.	IMPORTE

Subtotal		Subtotal	IVA Resp. Insc. ....%	TOTAL $

C.A.I.: (Otorgado por AFIP)
Fecha de Vto.: (Otorgado por AFIP)

30710058681010001270141051248182007103 18

DATOS IMPRENTA
FECHA DE IMPRESIÓN - NUMERACIÓN (DESDE..... HASTA....)

ORIGINAL BLANCO
DUPLICADO COLOR

NOMBRE DE FANTASÍA (Opcional)
Razón social

Domicilio completo

IVA RESPONSABLE INSCRIPTO

B
CÓD. 06

FACTURA

N° 0001-00000000

FECHA: ..../........../ ....

C.U.I.T:
INGRESOS BRUTOS:
INICIO DE ACTIVIDADES

Señor (es)
Domicilio
Localidad

IVA COMPRADOR: No Resp. ☐ Mon. ☐ Exento ☐ Cons Final ☐ C.U.I.T. N°:

CANT.	DESCRIPCIÓN	P. UNIT.	IMPORTE

C.A.I.: (Otorgado por AFIP)
Fecha de Vto.: (Otorgado por AFIP)

TOTAL $

DATOS IMPRENTA
FECHA DE IMPRESIÓN - NUMERACIÓN (DESDE..... HASTA....)

ORIGINAL BLANCO
DUPLICADO COLOR

Pati, Sátira/12.

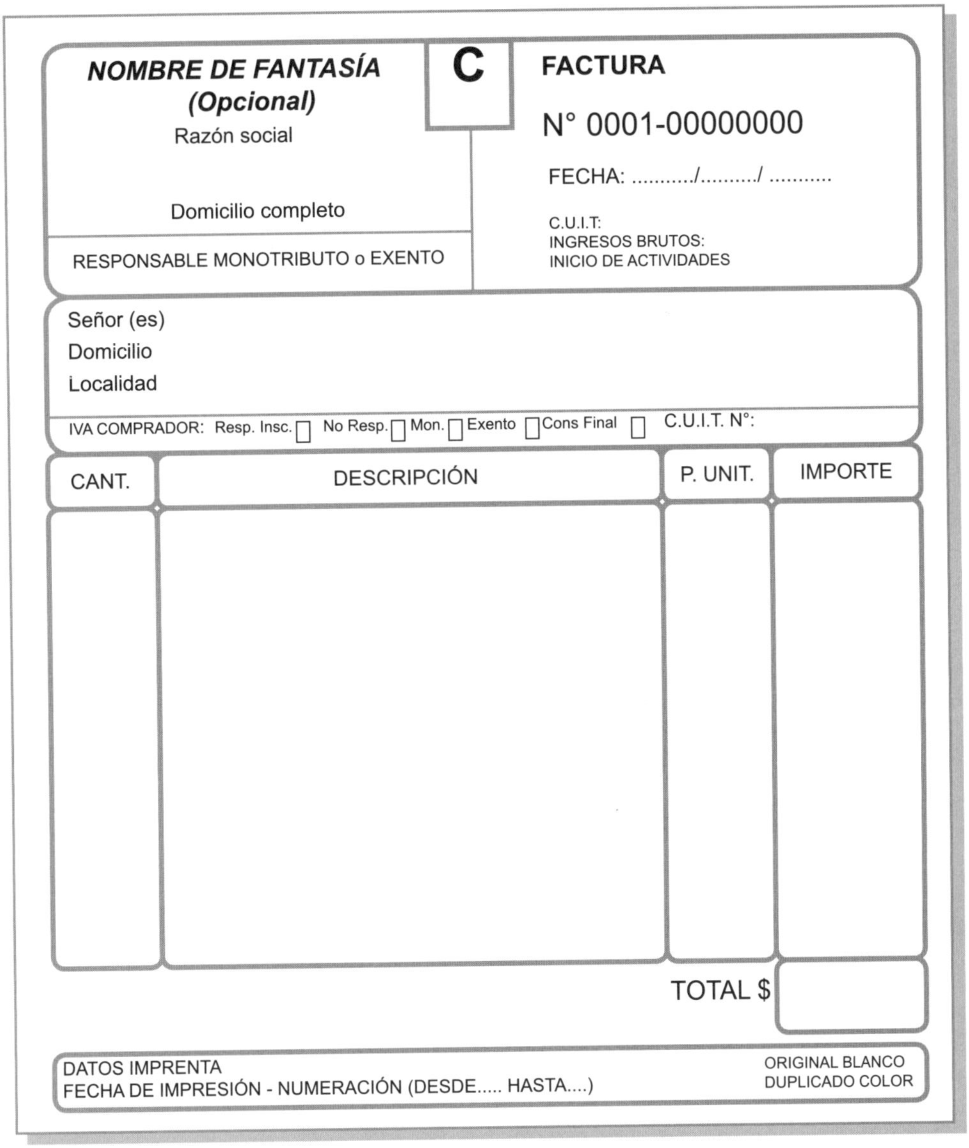

NOMBRE DE FANTASÍA (Opcional)
Razón social

Domicilio completo

RESPONSABLE MONOTRIBUTO o EXENTO

C

FACTURA

N° 0001-00000000

FECHA: ..../........../ ....

C.U.I.T:
INGRESOS BRUTOS:
INICIO DE ACTIVIDADES

Señor (es)
Domicilio
Localidad

IVA COMPRADOR: Resp. Insc. ☐ No Resp. ☐ Mon. ☐ Exento ☐ Cons Final ☐ C.U.I.T. N°:

CANT.	DESCRIPCIÓN	P. UNIT.	IMPORTE

TOTAL $

DATOS IMPRENTA
FECHA DE IMPRESIÓN - NUMERACIÓN (DESDE..... HASTA....)

ORIGINAL BLANCO
DUPLICADO COLOR

2.5 IVA

En nuestro país comenzó a regir a partir de enero de 1975, por la ley 20.631. El IVA, Impuesto al Valor Agregado, reemplazó al impuesto nacional a las ventas, también debía reemplazar a los impuestos locales de actividades lucrativas.

En términos generales el IVA es un impuesto nacional a los consumos que tiene que ser abonado por las personas en cada una de las etapas del proceso económico, en proporción al valor agregado del producto, así como sobre la realización de determinadas obras y locaciones, y la prestación de servicios.

El IVA es un impuesto que se aplica sobre los bienes y prestaciones de servicios y sobre las importaciones definitivas de bienes, en todo el territorio de la Nación. Actualmente la tasa general es del 21%, aunque algunos bienes o servicios tienen una tasa reducida del 10,5% y otros una tasa incrementada, por ejemplo 27%.

El organismo que lo recauda es la D.G.I, que depende de la A.F.I.P. (Administración Federal de Ingresos Públicos).

Determinación de la posición fiscal

→ DÉBITO FISCAL

Es el IVA que el Responsable Inscripto le cobra a sus clientes cuando le vende bienes o servicios.

→ CRÉDITO FISCAL

Es el IVA que el Responsable Inscripto les paga a sus proveedores cuando compra.

Cuando el Débito Fiscal es mayor que el Crédito Fiscal la diferencia se deposita en la AFIP-DGI.

Cuando el Crédito Fiscal es mayor que el Débito Fiscal la diferencia queda a favor del contribuyente como saldo a favor y le será descontado en los meses posteriores cuando la posición frente a la DGI sea deudora.

Ejemplo1

Compras

$ 100.000.-

↓

Crédito fiscal
(21%)

$ 21.000

Ventas

$ 185.000.-

↓

Débito fiscal
(21%)

$ 38.850

$ 17.850

La diferencia entre el Débito Fiscal ($ 38.850) y el Crédito Fiscal ($ 21.000) es el saldo a pagar a la AFIP- DGI.

Ejemplo 2

Compras

$ 200.000.-

↓

Crédito fiscal
(21%)

$ 42.000

Ventas

$ 140.000

↓

Débito fiscal
(21%)

$ 29.400

$ 12.600

La diferencia entre el Crédito Fiscal ($ 42.000) y el Débito Fiscal ($ 29.400) es el saldo a favor del contribuyente.

2.6 Ticket

En algunos casos, se admite la emisión de tickets en reemplazo de facturas. Deberán ser emitidos por una máquina registradora autorizada por la AFIP, que imprima los montos parciales y el total de ventas del día.

Cuando el importe de la operación sea superior a $ 1.000, no podrán utilizarse tickets y se extenderá la correspondiente factura.

Las impresoras fiscales permiten emitir ticket-factura A y B a los R.I.

2.7 Nota de Débito

Es el comprobante que emite el vendedor para comunicarle al comprador que su deuda ha aumentado por gastos, intereses, error en la facturación, etc.

El original es para el comprador y representa que su deuda ha aumentado. El duplicado es para el vendedor y significa que le deben más.

NOMBRE DE FANTASÍA
(Opcional)

Razón social
Domicilio completo

IVA INSCRIPTO

A
Cód. 02

NOTA DE DÉBITO
N° 0001-00000000
FECHA: ..../........./ ....

C.U.I.T:
INGRESOS BRUTOS:
INICIO DE ACTIVIDADES

Señor (es)

Domicilio Localidad

IVA COMPRADOR: RESP. INSCRIPTO C.U.I.T. N°:

CANT.	DESCRIPCIÓN	P. UNIT.	IMPORTE

Subtotal			Resp. Insc. ....%	TOTAL $

C.A.I.: (Otorgado por AFIP) Fecha de Vto.: (Otorgado por AFIP)

DATOS IMPRENTA
FECHA DE IMPRESIÓN - NUMERACIÓN (DESDE..... HASTA....)
ORIGINAL BLANCO
DUPLICADO COLOR

NOMBRE DE FANTASÍA
(Opcional)

Razón social
Domicilio completo

IVA INSCRIPTO

B
Cód. 07

NOTA DE DÉBITO
N° 0001-00000000
FECHA: ..../........./ ....

C.U.I.T:
INGRESOS BRUTOS:
INICIO DE ACTIVIDADES

Señor (es)

Domicilio Localidad

IVA COMPRADOR: No Resp., Mon., Cons. Final, Exento C.U.I.T. N°:

CANT.	DESCRIPCIÓN	P. UNIT.	IMPORTE

C.A.I.: (Otorgado por AFIP)
Fecha de Vto.: (Otorgado por AFIP)

TOTAL $

DATOS IMPRENTA
FECHA DE IMPRESIÓN - NUMERACIÓN (DESDE..... HASTA....)
ORIGINAL BLANCO
DUPLICADO COLOR

NOMBRE DE FANTASÍA
(Opcional)

Razón social
Domicilio completo

IVA MONOT. - EXENTO

C

NOTA DE DÉBITO
N° 0001-00000000
FECHA: ..../........./ ....

C.U.I.T:
INGRESOS BRUTOS:
INICIO DE ACTIVIDADES

Señor (es)

Domicilio Localidad

IVA COMPRADOR: RI, No Resp., Mon., Cons. Final, Exento C.U.I.T. N°:

CANT.	DESCRIPCIÓN	P. UNIT.	IMPORTE

TOTAL $

DATOS IMPRENTA
FECHA DE IMPRESIÓN - NUMERACIÓN (DESDE..... HASTA....)
ORIGINAL BLANCO
DUPLICADO COLOR

2.8 Nota de Crédito

Es el documento que emite el vendedor, comunicándole al comprador que su deuda ha disminuido o que tiene un crédito a su favor, por descuentos, devoluciones, errores en la facturación, etc.

El original es para el comprador y representa que su deuda ha disminuido.

El duplicado es para el vendedor y representa que le deben menos.

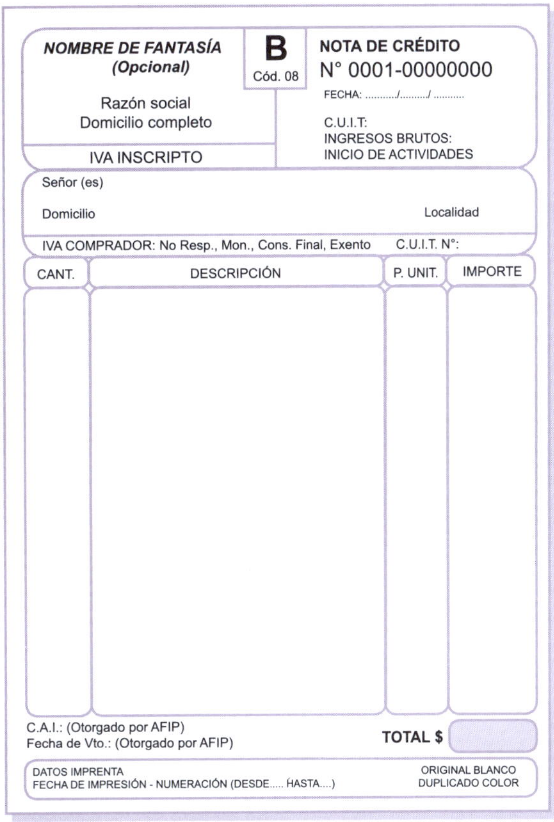
NOMBRE DE FANTASÍA (Opcional)
Razón social
Domicilio completo
IVA INSCRIPTO
B
Cód. 08
NOTA DE CRÉDITO
N° 0001-00000000
FECHA: ..../........./ ....
C.U.I.T:
INGRESOS BRUTOS:
INICIO DE ACTIVIDADES
Señor (es)
Domicilio
Localidad
IVA COMPRADOR: No Resp., Mon., Cons. Final, Exento
C.U.I.T. N°:

CANT.	DESCRIPCIÓN	P. UNIT.	IMPORTE

C.A.I.: (Otorgado por AFIP)
Fecha de Vto.: (Otorgado por AFIP)
TOTAL $
DATOS IMPRENTA
FECHA DE IMPRESIÓN - NUMERACIÓN (DESDE..... HASTA....)
ORIGINAL BLANCO
DUPLICADO COLOR

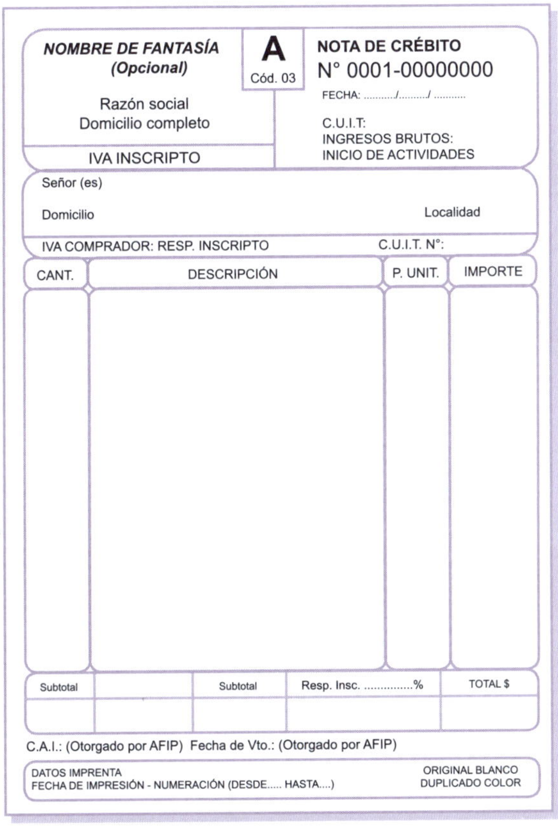
NOMBRE DE FANTASÍA (Opcional)
Razón social
Domicilio completo
IVA INSCRIPTO
A
Cód. 03
NOTA DE CRÉBITO
N° 0001-00000000
FECHA: ..../........./ ....
C.U.I.T:
INGRESOS BRUTOS:
INICIO DE ACTIVIDADES
Señor (es)
Domicilio
Localidad
IVA COMPRADOR: RESP. INSCRIPTO
C.U.I.T. N°:

CANT.	DESCRIPCIÓN	P. UNIT.	IMPORTE

Subtotal		Subtotal	Resp. Insc. ....%	TOTAL $

C.A.I.: (Otorgado por AFIP) Fecha de Vto.: (Otorgado por AFIP)
DATOS IMPRENTA
FECHA DE IMPRESIÓN - NUMERACIÓN (DESDE..... HASTA....)
ORIGINAL BLANCO
DUPLICADO COLOR

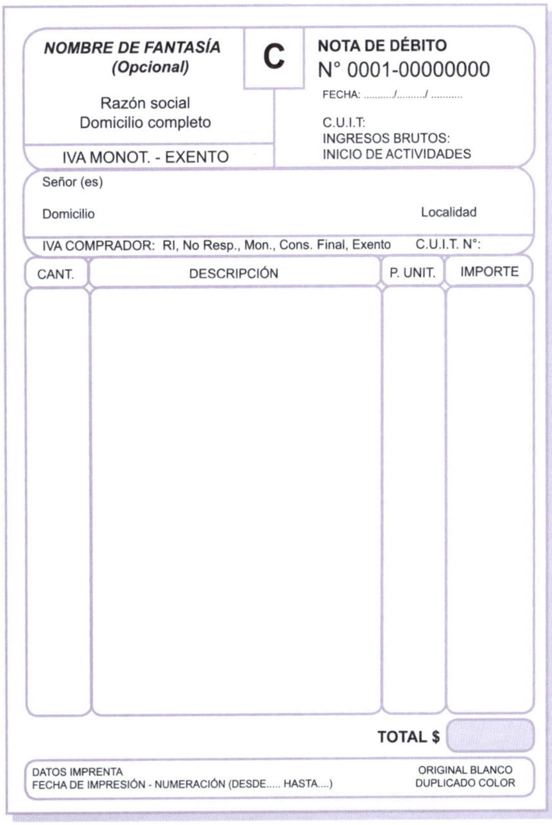
NOMBRE DE FANTASÍA (Opcional)
Razón social
Domicilio completo
IVA MONOT. - EXENTO
C
NOTA DE DÉBITO
N° 0001-00000000
FECHA: ..../........./ ....
C.U.I.T:
INGRESOS BRUTOS:
INICIO DE ACTIVIDADES
Señor (es)
Domicilio
Localidad
IVA COMPRADOR: RI, No Resp., Mon., Cons. Final, Exento
C.U.I.T. N°:

CANT.	DESCRIPCIÓN	P. UNIT.	IMPORTE

TOTAL $
DATOS IMPRENTA
FECHA DE IMPRESIÓN - NUMERACIÓN (DESDE..... HASTA....)
ORIGINAL BLANCO
DUPLICADO COLOR

2.9 Recibo

Es el documento que emite la persona que cobra y que entrega al que paga, como constancia de haber recibido un determinado valor, expresado en dinero.

El original es para el pagador y significa que pagó, ya sea un alquiler, deudas, etc.

El duplicado es para el que cobra y significa que ha recibido dinero por un motivo determinado.

El recibo también puede ser modelo A, B o C, pero en el caso de que se haya enviado una factura, llevará una X para Monotributistas y R para Inscriptos.

NOMBRE DE FANTASÍA (Opcional)

Razón social
Domicilio completo

IVA VENDEDOR

A, B, X o R

RECIBO

N° 0001-00000000

FECHA: ..../........./ ....

C.U.I.T:
INGRESOS BRUTOS:
INICIO DE ACTIVIDADES

Señor (es)
Domicilio
Localidad

IVA COMPRADOR: C.U.I.T. N°:

Recibí (mos) la suma de..

....

....

en concepto de ....

....

Forma de pago: Efectivo $ ....

Cheque por $ *N°:* *Banco:*

TOTAL $

Firma: ....

Aclaración: ....

DATOS IMPRENTA
FECHA DE IMPRESIÓN - NUMERACIÓN (DESDE..... HASTA....)

ORIGINAL BLANCO
DUPLICADO COLOR

2.10 Bancos

Los bancos son empresas financieras cuya función principal es recibir dinero de sus clientes en forma de depósitos, otorgar préstamos y brindar otros servicios.

Banco de la Nación Argentina

En primer lugar el banco recibe el dinero que depositan las personas, presta el dinero a empresas o a quienes lo soliciten (otorga créditos). Las empresas tienen que devolver ese dinero más un interés que el banco llama **activo** y que es mayor que el interés **pasivo**, (es el interés que el banco paga a los particulares). La diferencia entre el interés activo y el pasivo es la ganancia que obtiene el banco.

En segundo lugar, los bancos prestan numerosos servicios. Gracias a ellos las personas pueden:

- Guardar dinero u otros valores en sitios seguros (cajas de seguridad).
- Operar a través de cajeros automáticos.
- Pagar impuestos, servicios, medicinas prepagas, etc., sea personalmente o por débito automático.
- Gozar de servicios del tipo fonobanco, cajeros automáticos, *homebanking*, etc., a través de los cuales los clientes pueden hacer consultas telefónicas y también realizar movimientos en sus cuentas.
- Comprar y vender monedas.

En nuestro país existen bancos:

1) Privados, cuyos capitales pertenecen a particulares.
2) Oficiales, cuyos capitales pertenecen al Estado.
3) Mixtos, cuyos capitales se forman con aportes privados y estatales.

La actividad bancaria, en casi todos los países, es regulada y controlada por el gobierno a través de diversos mecanismos. En nuestro país esa función está a cargo del Banco Central de la Republica Argentina (BCRA). Su objetivo es la regulación y la supervisión del sistema bancario, además de ser el ente regulador de todos los bancos y entidades financieras que operen en nuestro territorio.

2.10.1 Depósitos bancarios

Existen básicamente tres clases de depósitos bancarios:

Tipo de depósitos	Interés	Nº de extracciones posibles
Cuenta corriente	Ninguno	Ilimitadas
Caja de ahorro común	Bajo	Limitadas (s/el banco)
Caja de ahorro especial	Un poco más alto	Uno o más según el banco
Plazo fijo	Alto	Ninguno hasta que venza el plazo

El interés es el dinero adicional que otorga el banco por un depósito en caja de ahorro o plazo fijo y que dependerá del tiempo y la cantidad depositada.

Extracción: operación mediante la cual una persona o empresa realiza un retiro de dinero de su cuenta bancaria.

Obsérvese que a mayor número de extracciones, menor es el interés y viceversa. Esto se debe a la disponibilidad que el banco puede tener de ese dinero, es decir, a la posibilidad de prestarlo.

Por ejemplo: el dinero depositado a plazo fijo, el banco puede prestarlo o darlo a créditos sin problemas, ya que sabe que el depositante sólo podrá reclamarlo en la fecha de su vencimiento. A cambio de esta seguridad, ofrece un interés mayor. Distinto es el caso de los depósitos en cuenta corriente, el banco no puede prestar el dinero allí depositado porque el cliente puede retirarlo en cualquier momento. Por esto el banco no otorga intereses sobre los depósitos en este tipo de cuenta.

Cualquiera de estos depósitos puede hacerse de diversas maneras:

a) A la orden individual: a nombre y a la orden de una persona (solo ella puede retirar el dinero).
b) A la orden conjunta: a nombre de dos o más personas (para retirar el dinero se requiere la firma de todas ellas).
c) A la orden recíproca o indistinta: a nombre de dos o más personas (para retirar el dinero basta con la firma de una de ellas).
d) A la orden de una persona y a nombre de otra. Por ejemplo, para una persona menor de edad que aun no tiene la libre disposición de sus bienes.

2.10.2 Cheque

Es una **orden de pago** pura y simple librada contra un banco, en el cual el **librador** tiene fondos depositados a su orden, o autorización para **girar en descubierto**, en una cuenta corriente.

→ Orden de pago: es la orden que le da el titular de una cuenta corriente al banco para que le pague el monto estipulado a la persona que se presente con el cheque.
→ Librada: emitida.
→ Librador: titular de una cuenta corriente, emisor del cheque, firmante.

- Giro en descubierto: es una autorización que el banco le otorga al cliente, para poder emitir cheques por un importe superior a los fondos existentes en su cuenta. El cliente debe pagar intereses por este acuerdo.

La ley 24.452 no define el cheque común, se limita a enumerar en su art. 2 los elementos que el mismo debe contener:

- La denominación "cheque" inserta en su texto, en el idioma empleado para su redacción.
- Un número de orden impreso en el cuerpo del cheque.
- La indicación del lugar y de la fecha de creación.
- El nombre de la entidad financiera girada y el domicilio de pago.
- La orden pura y simple de pagar una suma determinada de dinero expresada en letras y números, especificando la clase de moneda.
- La firma del librador.

BANCO LANACION
DOMICILIO DE PAGO: JUNCAL 940 CAP.
pesos tres-
SERIE L N° 25466971
BUENOS AIRES, 2 DE Marzo DE 2005
PÁGUESE POR ESTE CHEQUE A Andrés Álvarez
LA CANTIDAD DE cientos cincuenta $350.
LIBRERÍA LUNA
41350/99
1244756371 002411597

Las personas que intervienen son:

- Librador: es el que firma el cheque.
- Librado: el banco que debe pagar.
- Beneficiario: el que va a cobrar el cheque y puede **endosarlo**.
- Tenedor: persona que recibe el cheque por vía endoso.

Vocabulario

Endoso: es la transferencia a otra persona de un derecho a cobrar. Se realiza mediante la firma del que transfiere el documento, con fecha y aclaración de la misma.

Personas que intervienen

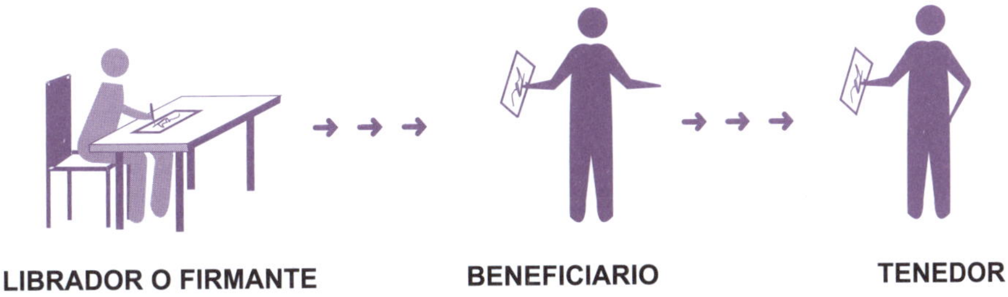

2.10.2.1 *Tipos de endoso*

1) Endoso completo: en el que figura la fecha, el nombre del beneficiario o endosante en primer término y su firma. A contiunación el tenedor coloca su firma y su número de cuenta bancaria.
2) Endoso en blanco: en el que figura la firma del endosante o beneficiario y su número de cuenta bancaria.

Tipos de Endoso

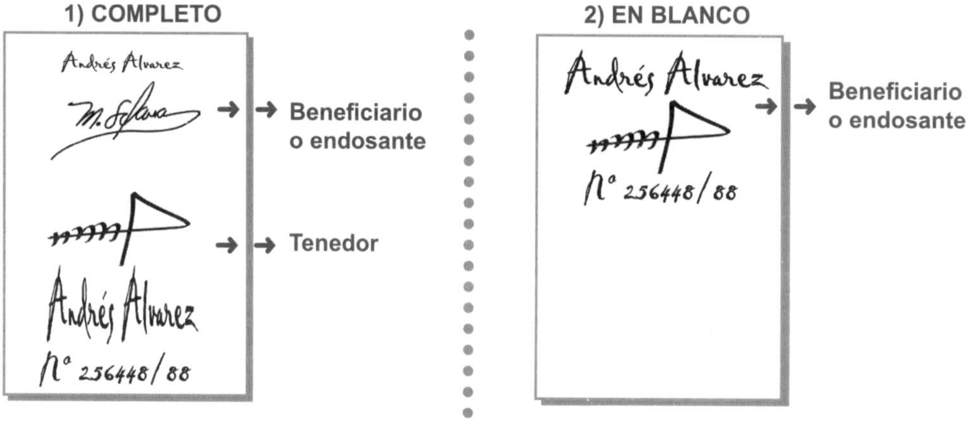

Es importante tener en cuanta que los cheques no se hacen por duplicado. El cuerpo se entrega al beneficiario y al librador le queda un talón. Actualmente, en la mayoría de los cheques ese talón ya no existe y quien emite el cheque debe anotar su importe, fecha y otros datos en hojas especiales que vienen en la chequera.

La chequera o libreta de cheques la solicita el titular de la cuenta corriente bancaria al banco. Tiene alrededor de 50 cheques. Al recibirla debe verificarse que no le falte ninguno, es decir, que los números de todos los cheques sean correlativos.

La chequera debe guardarse en un sitio seguro y hay que avisar al banco en caso de pérdida para que no pague si alguien se presenta con los cheques faltantes.

No se pueden usar cheques de otras personas, ya que tienen impreso el nombre del titular y el número de cuenta corriente. Para evitar problemas, al abrir la cuenta corriente, el banco hace registrar la firma del titular para después compararla con la de los cheques emitidos.

Antes de librar un cheque debe tenerse en cuenta el saldo de la cuenta corriente, para asegurar que el beneficiario pueda cobrarlo.

2.10.2.2 *Formas de emisión de cheques*

- Al portador: cuando no se quiere especificar quién ha de cobrar el cheque, entonces en lugar de aclarar el nombre de una persona concreta, puede dejarse el espacio en blanco o incluirse la leyenda al portador. Es decir, lo cobra el que lo porta.
- A la orden: lo cobra el beneficiario.
- No a la orden: lo cobra el beneficiario pero no puede endosarlo.
- Cruzado: lleva dos líneas paralelas y oblicuas en el ángulo superior izquierdo. Quien lo recibe debe depositarlo en su cuenta corriente o caja de ahorro y lo cobrará con una demora de 24 - 48 hs., dependiendo del lugar de emisión del cheque.

FORMAS DE EMITIR CHEQUES

2.10.2.3 Tipos de cheques

- Cheque común: debe cobrarse dentro de los 30 días corridos a partir de la fecha de emisión.
- Cheque diferido: debe cobrarse dentro de los 30 días corridos, contados a partir de su fecha de pago, y podrá emitirse con un plazo de hasta 360 días. Refleja para quien lo emite una obligación de pago a futuro.

2.10.2.4 Rechazo de cheques

Los motivos por los cuales un banco puede rechazar un cheque son los siguientes:

1. Cuando la firma es falsa o diferente de la registrada.
2. Cuando el librador ha quebrado.
3. Cuando no tiene fondos.

4. Por vencimiento del plazo de cobro.
5. Cuando está mal emitido o mal endosado.
6. Cuando tiene prohibido su pago por el librador, por ej., por pérdida de chequera.

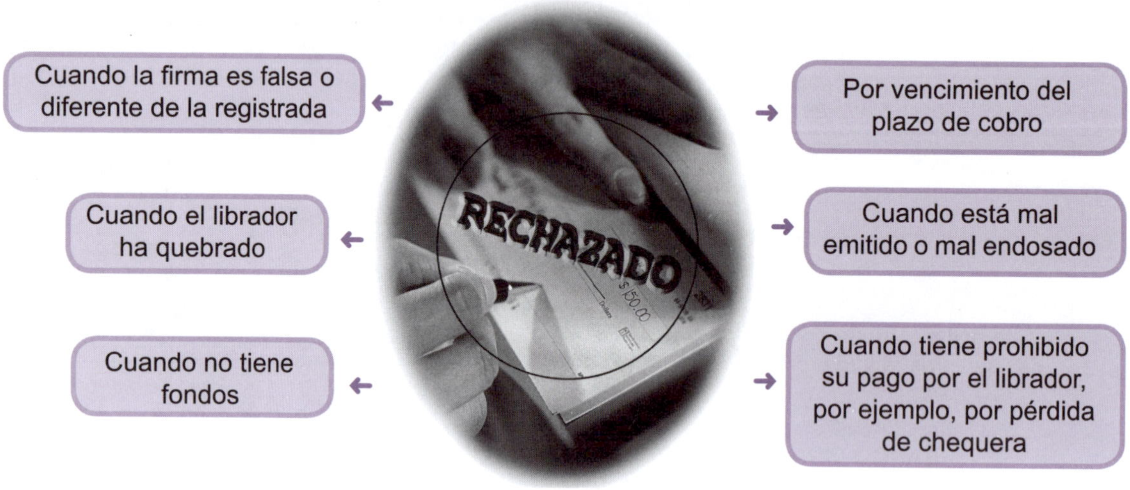

2.10.2.5 *Clearing bancario y Cámaras Compensadoras*

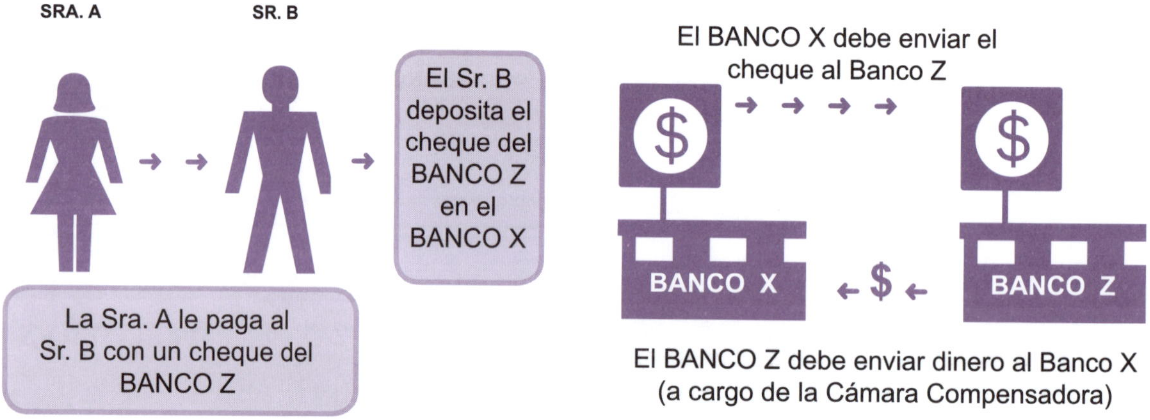

Si se depositan cheques en el banco X, en una cuenta corriente del mismo banco, ese importe se acredita automáticamente. Si en una cuenta del banco X se depositan cheques de otro banco y el banco X tarda en cobrarlos, entonces demorará en acreditar ese dinero en la cuenta corriente del titular.

Al final de la jornada bancaria se realiza una reunión en la Cámara Compensadora para llevar a cabo el ***clearing***.

A la cámara compensadora acuden los representantes de diferentes bancos para realizar la compensación. Esto es, para intercambiar los cheques de tal modo que cada uno reciba los cheques girados contra él y entregue los que recibió y deben pagarle los demás bancos.

Finalmente, se hace el cómputo del total entregado y recibido. Así se determina la situación deudora o acreedora de cada banco.

2.10.2.6 Giro en descubierto o adelanto en cuenta corriente bancaria

Permiso otorgado por el banco para emitir cheques por importes que superen el total depositado, por un lapso y monto determinado. Al vencimiento, el titular deberá depositar la suma adeudada más los intereses.

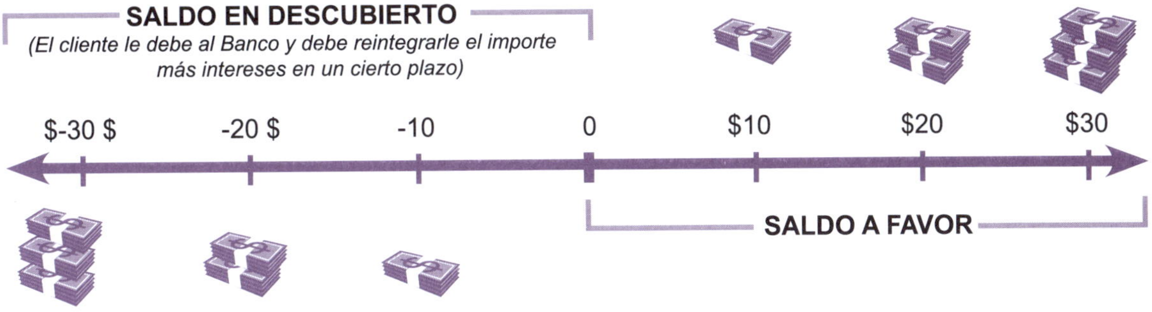

2.10.2.7 Boleta de depósito o Nota de Crédito Bancaria

Es el documento que certifica la realización de un depósito en efectivo o en cheques en una cuenta corriente bancaria o caja de ahorro.

Banco .... N° ....

N° cuenta ....

Fecha: ..../................./ ....

N° de Crédito para la cuenta bancaria arriba citada

por ....

....

Depositante ....

....

Domicilio ....

....

Firma ....

Cheque N°	Banco	Casa	Importe
Efectivo			
		TOTAL	

2.10.2.8 *Nota de Débito Bancaria*

La envía el banco al cliente para informar los importes deducidos de su cuenta por comisiones, gastos de mantenimiento, etc.

2.10.2.9 *Débito automático*

Es un sistema de cobranzas de servicios con la intervención del banco. Se usa para aquellos servicios que poseen una cuota o factura periódica. Brinda agilidad y seguridad en los pagos. Permite incluir en el resumen de cuenta los abonos y facturas de numerosos impuestos y servicios.

Beneficios:

- Ahorra tiempo.
- Termina con los olvidos involuntarios.
- Evita el manejo de efectivo.
- Permite un mayor control de los gastos.
- El resumen de gastos sirve como comprobante.

Se pueden pagar cuentas de diferentes rubros:
Servicios públicos, seguridad privada, colegios y universidades, TV cable, donaciones, seguros, impuestos, prepagas, Internet, telefonía celular, clubes, etc.

2.10.2.10 *Tarjetas de crédito y débito*

Una tarjeta de crédito es una tarjeta emitida por un banco u otra entidad financiera que autoriza a la persona a cuyo favor es emitida a efectuar pagos en los negocios adheridos al sistema, mediante su firma y la exhibición de tal tarjeta. Permite acceder a la posibilidad de «comprar sin pagar», esto es diferir el pago de lo que se compra para el mes siguiente o, inclusive, por más tiempo.

En el primer caso, la entidad financiera carga el importe en cuenta sin intereses; en el segundo -pagando en cuotas mensuales, consecutivas- es habitual el cobro de intereses. Suele cobrarse un gasto por mantenimiento del servicio en forma anual.

La tarjeta de débito se utiliza para extraer dinero de cajeros automáticos y para realizar pagos. En este caso, el importe no se toma a crédito sino que se utiliza el que está disponible en la cuenta bancaria.

2.11 Resumen de cuenta

Las empresas informan periódicamente a sus clientes sobre las operaciones efectuadas en su cuenta corriente comercial.

El vendedor confecciona un único ejemplar que envía al comprador, se queda con la **ficha de deudores** de donde proviene la información del resumen enviado.

Vocabulario

Ficha de deudores: registro auxiliar que detalla datos, movimientos e importes que adeuda cada cliente.

Resumen de Cuenta

Fecha: ..../............./ ....

Nombre:...

Domicilio:..

Fecha	Detalle	Debe	Haber	Saldo

Son Pesos: ....Saldo actual: ....

2.11.1 Resumen de cuenta bancaria (extracto bancario)

Los bancos emiten un resumen similar al anterior en el que informan acerca de los movimientos realizados en la cuenta corriente bancaria o caja de ahorro de cada cliente (depósitos, extracciones, gastos, etc.).

2.12 Pagaré

Es un documento comercial que representa una promesa escrita de pago.

Características

1) Tiene fecha de pago o vencimiento.
2) Si no se paga, puede cobrarse mediante juicio ejecutivo, que es más rápido.
3) Puede endosarse (transmitirse mediante firma al dorso).
4) Como condición para ser considerado comercial y poder transferirse por endoso, debe contener la "cláusula a la orden".

5) En la provincia de Buenos Aires los pagarés deben abonar un impuesto a los sellos por medio de estampillas fiscales, que se adquieren en correos, tribunales, AFIP y Banco Provincia.

Personas que intervienen en un pagaré:

→ Librador o firmante: es quien se compromete a pagar la suma de dinero, a la vista o en una fecha futura fija o determinable.

→ El beneficiario: es aquel a quien debe hacerse el pago de la suma estipulada en el pagaré.

→ El fiador o avalista: la persona que garantiza el pago del pagaré.

→ Endosante: es la persona que transfiere el pagaré.

→ Tenedor: es el que lo recibe por vía de endoso.

Los tipos de vencimiento pueden ser:

1) A día fijo, por ejemplo 10/12/08.
2) A días fecha, por ejemplo, a los 60 días de la fecha de emisión.
3) A meses fecha, por ejemplo, a los tres meses de la fecha de emisión.
4) A la vista, que debe pagarse en cualquier momento, cuando se presente el beneficiario o tenedor a cobrarlo.

El aviso de vencimiento es el documento que el beneficiario puede enviar al librador para recordarle que está por vencer el documento.

El **protesto** de un pagaré es la denuncia ante escribano público de que un documento no ha sido pagado a su vencimiento, luego de lo cual se inicia el juicio ejecutivo. El juez puede ordenar el remate de los bienes del firmante.

Hay pagarés que dicen "Sin protesto". Si no se pagan, se inicia el juicio ejecutivo, sin hacer el trámite de protesto ante escribano, válido en el caso anterior.

2.12.1 Partes de un pagaré

Talón: queda en poder del librador.

Cuerpo: lo recibe el beneficiario.

N°..........	Sellado $ .... Vence el .... de .... del .... N° .... Por $..........
Sr:..........	.... de .... del .... pagaré .... Sin protesto (art. 50 de la ley 5965/63)
Cantidad:..........	A .... Señor .... o a su orden la cantidad de pesos ....
Vencimiento:..........	Pagaderos en: .... Firmante: .... Calle: ....
Fecha:..........	Localidad: .... Firma

Actividades

Actividad Nº 1

Confeccionar los documentos comerciales correspondientes y completarlos de acuerdo con los datos consignados en cada caso.

Actividad realizada	Nombre del comprobante	Documentación respaldatoria	
		SI	NO
Pedido de mercaderías			
Aceptación de pedido			
Envío de mercaderías			
Realización de compra-venta			
Aumento de deuda en cuenta corriente comercial			
Disminución de deuda en cuenta corriente comercial			
Cobranzas y pagos			
Depósitos en cuenta corriente			
Detalles de las partidas efectuadas en una cuenta corriente bancaria			

Actividad Nº 2

Confeccionar los documentos comerciales correspondientes y completarlos de acuerdo a los datos consignados en cada caso.

1) **1/4/08:** la juguetería minorista **Soldadito de Plomo** de Javier Manzana, Responsable Inscripto, domicilio en Cuba 639 de CABA CUIT N ° 20-18490888-5. Inicio de actividad 6-08-90, envía una Orden de Compra a la juguetería mayorista **La Tortuga Manuelita** de Inés Frutilla, domicilio en Olazábal 1281 de CABA, CUIT N ° 30-06491111-6, solicitando las siguientes mercaderías: 70 juegos de mesa a $ 12,40 c/u, 18 pelotas de fútbol número 5 a $ 8,90 c/u y 46 pizarrones a $ 15 c/u.

2) **3/4/08:** la juguetería mayorista **La Tortuga Manuelita**, Responsable Inscripto. Inicio de actividades 2-4-98, envía la Factura A Nº 0000-00000081, el IVA (21%) es de $ 360,80 y el Remito N ° 0000-00000023 a la juguetería minorista **Soldadito de Plomo**. Forma de pago: en cuenta corriente. La juguetería **Soldadito de Plomo** pide que le envíen las mercaderías por flete a la calle Cuba 639 de CABA, el día 6-4-08.

3) **7/4/08:** la juguetería minorista **Soldadito de Plomo** vende, segun Factura B Nº 0000-00000009, al consumidor final **Martín Naranja**, con domicilio en Mendoza 68 de CABA, las siguientes mercaderías: 2 juegos de mesa a $ 21 c/u, 3 pizarrones a $ 25,40 c/u y 3 pelotas de fútbol Nº 5 $1 5,10 c/u. Forma de pago: en efectivo.

4) **11/4/08:** Inés Frutilla (dueña de la juguetería **La Tortuga Manuelita**) concurre a la librería **El Taller** de Pedro Kiwi, con domicilio: Monroe 1000 de CABA, Responsable Monotributo, donde le hacen 150 fotocopias a $ 0,05 c/u y el anillado a $ 3. Le confeccionan Factura C N ° 0000-00000119, CUIT N ° 20-23661943-8. Inicio de actividades: 3- 8-94.

5) **16/4/08:** la juguetería mayorista **La Tortuga Manuelita** envía una Nota de Débito A N ° 0000-00000019 a la juguetería minorista **Soldadito de Plomo** por fletes a su cargo según Factura N ° 081 (por el traslado de mercaderías). Valor del flete $ 12. IVA (21%) $ 2,50.

6) **20/4/08:** La juguetería mayorista **La Tortuga Manuelita** envía una Nota de Crédito A N ° 0000-0000071 a la juguetería minorista **Soldadito de Plomo**, por una devolución de mercaderías efectuada por el minorista (según Factura Nº 081). La devolución (por estar fallados) fue de 16 juegos de mesa a $12,40 c/u. El IVA (21%) es de $ 41,70.

7) **30/4/08:** la juguetería mayorista **La Tortuga Manuelita** envía a la juguetería minorista.

8) **Soldadito de Plomo** un resumen de cuenta. El saldo anterior de dicho resumen es de $ 350 (no olvidar pasar todos los movimientos que la juguetería minorista hizo durante el mes de abril).

9) **2/5/08:** la juguetería minorista **Soldadito de Plomo** paga a la juguetería mayorista **La Tortuga Manuelita** con un cheque N ° 09541863 del Banco Uvas, Sucursal Nº 4, CABA, por la mitad del valor total del resumen de cuentas. El N ° de cuenta de **Javier Manzana** es 121180/1. Por el resto firma un pagaré. El sellado del mismo es de $ 5,20. La fecha de vencimiento es el 2-6-08. A cambio del cheque de la juguetería mayorista **La Tortuga Manuelita** le entrega un Recibo A N ° 0000-0000805.

10) **3/5/08:** La juguetería mayorista **La Tortuga Manuelita** deposita el cheque recibido en su cuenta corriente N ° 39701/1 del banco Pomelo (utilizar la boleta de Depósito).

11) **5/5/08** La juguetería minorista **Soldadito de Plomo** paga en efectivo $ 950 por el alquiler del local que ocupa, al Señor **Miguel Ciruela**, quien le firma el recibo correspondiente.

Actividad Nº 3

DOCUMENTOS	DEFINICIÓN	QUIÉN LO EMITE	EL ORIGINAL o CUERPO ES PARA:	EL DUPLICADO O TALÓN ES PARA:
Orden de compra				
Nota de venta				
Factura				
Remito				
Nota de débito				
Nota de crédito				
Resumen de cuenta				
Pagaré				
Cheque				
Nota de crédito bancaria				
Recibo				

PROCESAMIENTO CONTABLE

3.1 Patrimonio: concepto

Es el conjunto de **bienes, derechos y obligaciones** vinculados a un sujeto económico, entendiéndose por tal a un comerciante o empresa cualquiera.

Bien: en Economía, es todo aquello útil, escaso, oneroso y transferible. Ejemplos: dinero, artículos para la venta, automóviles, etc.

Derecho: es la acción de cobrar, que puede ejercerse sobre una o varias personas, o de recibir determinados bienes y/o servicios en un tiempo establecido..

Obligación: es el vínculo entre dos partes, por el que una de ellas llamada "deudor", se compromete a dar o a hacer algo a favor de otra llamada "acreedor" quien, debido a su derecho de crédito, puede exigirle tal prestación. Por ejemplo, existe una obligación cuando una persona contrae una deuda con otra, ya que la primera debe pagarle a la segunda en el plazo convenido.

Entonces:

PATRIMONIO = ACTIVO + PASIVO

ACTIVO ↓ Bienes y derechos

PASIVO ↓ Deudas o compromisos de pago

Ejemplo: si una empresa posee

ACTIVO	Un pagaré a cobrar .... 500 Dinero en efectivo .... 1.100 Dinero depositado en un banco .... 1.900 Un automóvil .... 28.000 Un local 100.000
PASIVO	Deudas contraídas a favor de terceros...... 25.000

Vocabulario

Especies: todo tipo de bienes que no sean dinero.

Oneroso: Contrario a gratuito.

Transferible: aquello cuya propiedad puede pasar a otra persona.

Neto: lo que queda luego de restar, segregar o excluir una parte a un todo.

Todo esto conforma su patrimonio. Su activo es de $ 131.500, y su pasivo es de $ 25.000. Cabe preguntarse si la empresa es realmente dueña de $ 131.500, cuando está debiendo $ 25.000. Evidentemente no. A los valores activos se le deben restar los pasivos, obteniendo así lo que se denomina **Patrimonio Neto**.

ACTIVO	PASIVO
$ 131.500	$ 25.000
PATRIMONIO NETO	
$ 106.500	

Vocabulario

Capital: es el aporte o inversión de los propietarios al inicio de las actividades comerciales.

Lo antedicho puede expresarse a manera de ecuación matemática:

ACTIVO – PASIVO = PATRIMONIO NETO

131.500 – 25.000 = 106.500

O, lo que es lo mismo, haciendo pasaje de términos:

ACTIVO = PASIVO + PATRIMONIO NETO

131.500 = 25.000 + 106.500

Esta fórmula se denomina **ecuación patrimonial fundamental** y tiene dos acepciones.

Tal como se la ha presentado, muestra la situación de una empresa en su inicio, es decir, sin que haya realizado aún operación comercial o movimiento alguno. El patrimonio neto, en este caso equivale al capital. Por tal motivo se la llama **ecuación patrimonial estática,** por cuanto no se ha modificado ninguno de los elementos que la conforman.

Las operaciones de una empresa (ente) producen variaciones en su patrimonio. Si consideramos que sus partes integrantes están representadas en la ecuación fundamental, puede concluirse que dichas variaciones producirán aumentos o disminuciones en sus términos, pero manteniendo siempre la igualdad. Nace, entonces, la segunda acepción**: ecuación patrimonial dinámica** que, cuando es necesario, despliega el Patrimonio Neto y lo desglosa en capital aportado por los dueños y resultados (ganancias y pérdidas).

ACTIVO (A) = PASIVO (P) + PATRIMONIO NETO (PN)

↓

Capital + Ganancias - Pérdidas

3.1.1 Variaciones patrimoniales

Las variaciones patrimoniales pueden ser de tres tipos:

1) **Permutativas**

Los elementos del patrimonio se permutan o cambian unos por otros, sin generar pérdidas o ganancias que modifiquen el Patrimonio Neto.

Pueden darse cuatro posibilidades:

a) cambio de un activo por otro activo,

b) aumento de un activo y de un pasivo,

c) disminución de un activo y de un pasivo,

d) cambio de un pasivo por otro pasivo.

2) **Modificativas**

Los movimientos patrimoniales generan pérdidas o ganancias que modifican el Patrimonio Neto disminuyendo o aumentándolo.

3) **Mixtas**

Se produce una permuta de valores y también se generan resultados positivos o negativos.

1) Ejemplos de variaciones permutativas

Partiendo de la situación inicial — **A = P + PN**

Bienes = deudas + capital — 1000 = 400 + **600**

---

a) compra de bienes por $ 100 en efectivo (A por A)
(cambio de un activo por otro activo) — [1000+100-100] = 400 + **600**

---

b) compra de otros bienes por $ 200 que se deben a plazo (+A+P)
(aumento del activo y aumento del pasivo) — [1000+200] = [400+200] + **600**

---

c) pago de la deuda de $ 200 en efectivo (-A -P)
(disminución del activo y disminución del pasivo) — 1200-200 = [600-200] + **600**

---

d) se documenta una deuda en c/c por $150 entregando un pagaré (P por P)
(cambio de un pasivo por otro pasivo) — 1000 = [400-150+150] + **600**

Como puede notarse al comparar las situaciones a, b, c y d, el PN permanece constante, señal de que se trata de operaciones que ocasionan variaciones patrimoniales permutativas.

2) Ejemplos de variaciones modificativas

Partiendo de la situación inicial — **A = P + PN**

Bienes = deudas + capital — 1000 = 400 + **600**

---

a) cobro en efectivo de alquileres ganados por $ 120 — [1000 +120] = 400 + **720** (600 +120 - 0)
(aumento del PN)

---

b) pago en efectivo de impuestos por $ 20 — [1120-20] = 400 + **700** (720 + 0 - 20)
(disminución del PN)

---

c) se firma un pagaré por $ 60 por alquileres vencidos — 1100 = [400+60] + **640** (700 + 0 - 60)
(disminución del PN)

Como puede observarse en las situaciones planteadas, el PN cambia como consecuencia de la aparición de pérdidas o ganancias.

3) Ejemplos de variaciones mixtas

Partiendo de la situación inicial — **A = P + PN**

Bienes = deudas + capital — 1000 = 400 + **600**

---

a) compra de mercaderías $ 300 en efectivo con un descuento de $ 40

1000 + 300 - 260 = 400 + **640**

(300 - 260: Permuta de valores; 640 = 600 + 40; 40: Ganancia)

---

b) se compran mercaderías por $200 a plazo con un interés de $10

[1040 + 200] = [400+210] + **630**

([1040 + 200] = [400+210]: Permuta de valores; 630 = 640 - 10; 10: Pérdida)

Tal como se ve, el PN varía a causa de las ganancias o pérdidas.

3.2 Concepto de Contabilidad

La contabilidad es la disciplina que ordena, registra e interpreta los hechos económicos de una organización, para conocer su situación actual, su pasado, y para vislumbrar su futuro. Constituye un sistema capaz de convertir datos dispersos en información útil. Crea, así, una base firme sobre la que es posible reflexionar acerca de las posibilidades de la empresa, tomar decisiones y orientar su rumbo. Esquemáticamente, podría explicarse de la siguiente manera:

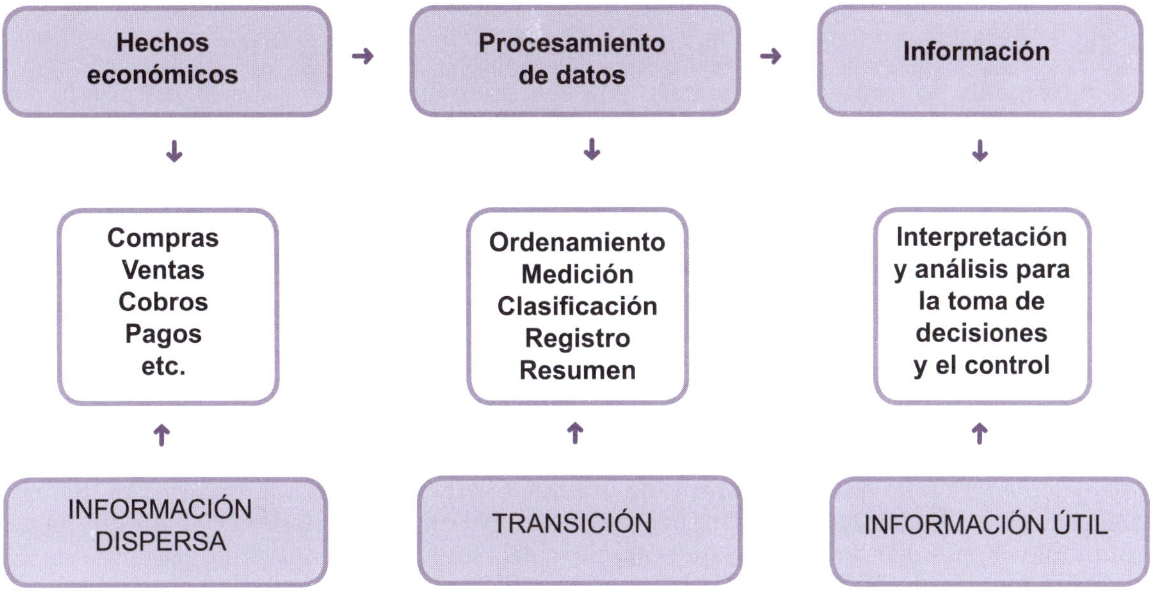

Es importante destacar, que todo reconocimiento de los hechos económicos se sustenta en los documentos comerciales o comprobantes, que son la evidencia y el respaldo concreto de aquellos.

3.3 Origen y evolución de la contabilidad

La primera técnica contable se llamó Teneduría de libros y es tan antigua como el comercio mismo. Su origen, desarrollo y aplicación han seguido las diversas evoluciones de la civilización de los pueblos.

Se cree que los grandes comerciantes de la antigüedad, como los fenicios, sirios y cartagineses, llevaban una contabilidad bastante regular y ordenada dado lo rudimentario que era aún su sistema de escritura. En cambio, los mercaderes medievales de Europa hacían anotaciones en libros contables, pero de naturaleza muy precaria porque apenas sabían sumar, restar, multiplicar y dividir. Además, no tenían la noción de que los cálculos debían ser exactos: los agricultores hacían nudos en sus pañuelos para recordar sus negocios...

Con el tiempo, los mercaderes cristianos trajeron del Lejano Oriente los números arábigos y un sistema para llevar la contabilidad en mejor forma: la Partida Doble.

Históricamente existieron 3 métodos contables: partida simple, mixta y doble, siendo este último método el que ha tenido mayor repercusión y ha perdurado a través de los años.

Los primeros vestigios de la Teneduría de libros se remontan al siglo XIII, época en que su método, la mencionada Partida Doble, era conocida y practicada en Génova, Florencia y otras ciudades italianas. En 1419, se encontró un libro mayor en una biblioteca de Alemania, de lo que se infiere que ya se habían implementado sus principios. Finalmente, en ese mismo siglo, Fray Luca Pacioli, matemático y profesor italiano, fue el primero que la dio a conocer de modo formal.

En 1795, en Francia, se publicaron los primeros tratados de Teneduría de libros y en 1816, Eduardo De Grange dio a conocer su famoso Diario-mayor.

A principios del siglo XIX, José Maria Brost editó "Curso completo de Teneduría de libros o modo de llevarlos por Partida Doble".

Posteriormente, la revolución industrial y la evolución científica y tecnológica propia del siglo XX, impusieron grandes cambios en las modalidades de comercialización y administración. Desde entonces, el uso de la Contabilidad se generalizó a todo tipo de organizaciones, trascendiendo las instituciones religiosas y estatales, a las que en un principio se limitaba su aplicación.

A partir de la crisis de 1930, los criterios y costumbres de la práctica contable convergieron en normas más universales, que contribuyeron en gran medida a su mejor ordenamiento e interpretación.

Ya en nuestros tiempos, la ciencia contable ha debido soportar las embestidas de la tecnología de la información que, avalada por su sorprendente rapidez y efectividad, generó críticas a la Contabilidad, pretendiendo abarcarla y superarla. Pero así como no sería provechosa una calculadora para quien no comprendiera qué operación realiza la máquina ni qué representa el resultado obtenido, tampoco resultaría útil una computadora y su programa de contabilidad para un comerciante que careciese del respaldo del conocimiento contable. El conocimiento contable es el que sustenta y da significado a la información obtenida.

Actualmente, la informática es aliada de la disciplina contable: la asiste, la complementa y propicia un trabajo más veloz y eficaz. Pero es preciso acompañar su servicio con la comprensión profunda de los principios de contaduría, para introducir los datos apropiados en el sistema, dar las órdenes correspondientes y así obtener información cierta y oportuna a partir de un *output* que de otra forma resultaría erróneo o inservible.

3.4 Recursos

Los recursos más importantes con que cuenta la Contabilidad para cumplir con su objetivo son los documentos comerciales y los **Libros de Comercio**.

De acuerdo con las disposiciones legales vigentes en nuestro país, existen **libros principales y auxiliares.**

Los principales son:

- → El libro **Diario,** que registra cronológicamente las operaciones realizadas. Es obligatorio.
- → El libro de **Inventarios y Balances**, que permite conocer, en forma detallada, la conformación del Patrimonio y las pérdidas y ganancias obtenidas en un año de actividades de la organización. Es obligatorio.
- → El libro **Mayor,** que informa sobre los movimientos y los saldos de cada uno de los elementos que forman el patrimonio y sobre los resultados de la empresa.

El objetivo de los libros auxiliares o **subdiarios** es agilizar el registro de operaciones de una misma índole, haciendo que, cuando el volumen de transacciones es importante, resulte más rápido y menos repetitivo. Su información, en forma resumida, pasa periódicamente al libro Diario General. Algunos libros auxiliares son:

- → IVA compras (obligatorio) ↘ Ante la AFIP-DGI
- → IVA ventas (obligatorio) ↗
- → Sueldos y Jornales (obligatorio). Ante el Ministerio de Trabajo
- → Caja ingresos, que muestra las entradas de dinero en efectivo.
- → Caja egresos, que refleja las salidas de dinero en efectivo.
- → Bancos, que muestra el movimiento de las cuentas bancarias.

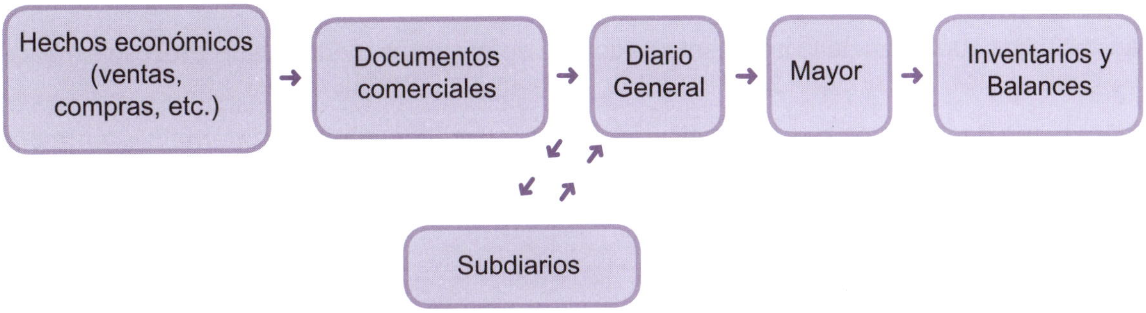

Los libros principales y auxiliares constituyen el pilar fundamental del sistema de información interna. Junto con el sistema de información externa, permiten la adecuada toma de decisiones.

Según los requisitos legales en vigencia, todos los libros utilizados deben ser rubricados, sellados y foliados. Este trámite lo realiza la Inspección General de Justicia (IGJ), que así otorga validez legal a todo lo que éstos contengan. Dicho trámite queda acreditado con una etiqueta, donde se consignan los datos generales de la organización, que la IGJ pega en la primera página del libro y que sólo es otorgada a aquellas organizaciones que hayan cumplimentado ciertas exigencias de orden jurídico.

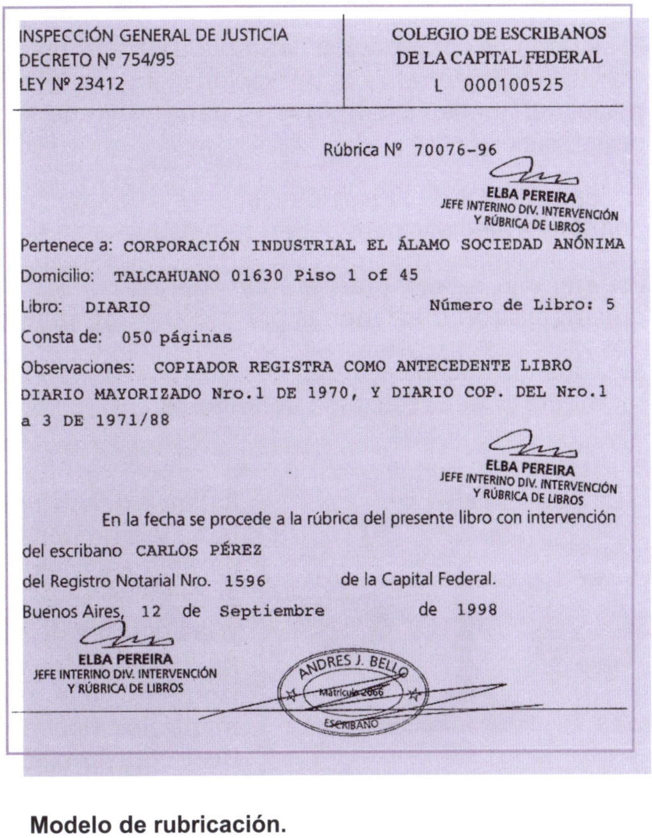
INSPECCIÓN GENERAL DE JUSTICIA
DECRETO Nº 754/95
LEY Nº 23412

COLEGIO DE ESCRIBANOS
DE LA CAPITAL FEDERAL
L 000100525

Rúbrica Nº 70076-96

ELBA PEREIRA
JEFE INTERINO DIV. INTERVENCIÓN
Y RÚBRICA DE LIBROS

Pertenece a: CORPORACIÓN INDUSTRIAL EL ÁLAMO SOCIEDAD ANÓNIMA
Domicilio: TALCAHUANO 01630 Piso 1 of 45
Libro: DIARIO Número de Libro: 5
Consta de: 050 páginas
Observaciones: COPIADOR REGISTRA COMO ANTECEDENTE LIBRO DIARIO MAYORIZADO Nro.1 DE 1970, Y DIARIO COP. DEL Nro.1 a 3 DE 1971/88

ELBA PEREIRA
JEFE INTERINO DIV. INTERVENCIÓN
Y RÚBRICA DE LIBROS

En la fecha se procede a la rúbrica del presente libro con intervención del escribano CARLOS PÉREZ
del Registro Notarial Nro. 1596 de la Capital Federal.
Buenos Aires, 12 de Septiembre de 1998

ELBA PEREIRA
JEFE INTERINO DIV. INTERVENCIÓN
Y RÚBRICA DE LIBROS

ANDRES J. BELLO
Matrícula 2666
ESCRIBANO

Modelo de rubricación.

El artículo 54 del Código de Comercio dispone como **prohibiciones**:

1) Alterar en los asientos el orden progresivo de las fechas.
2) Dejar espacios en blanco o huecos; todos los registros o partidas se han de suceder unos a otros, sin que entre ellos quede lugar para adiciones.
3) Hacer interlineaciones, raspaduras o enmiendas.
4) Tachar.
5) Mutilar alguna parte del libro, arrancar hojas o alterar la encuadernación y foliación.

De este modo, puede descartarse toda posibilidad de que se adultere la información.

Si se utilizan medios informáticos, también deben respetarse los requisitos anteriores. La contabilidad computarizada ha sido expresamente autorizada por la ley 19.550 de Sociedades Comerciales, sus modificaciones y resoluciones provenientes de la Administración Federal de Ingresos Públicos (AFIP).

Los trabajos que salen de la impresora se copian en los libros mediante un proceso especial de copia directa o láser, que generalmente realizan las librerías comerciales.

La mayoría de los libros tiene una diagramación especial que habitualmente presenta dos columnas. Éstas responden al sistema de Partida Doble y se denominan: **DEBE y HABER**.

3.5 Registración

3.5.1 Partida Doble

El sistema de información contable utiliza el método de la Partida Doble para dejar registradas o "asentadas" sus operaciones en los Libros de Comercio. De esta forma, se hace posible el análisis cualitativo y cuantitativo de la situación económica y financiera de la organización.

La idea central de la Partida Doble es sencilla: cada operación comercial es única e independiente de otras pero deberán registrarse en dos columnas diferentes.

Por ejemplo, si compramos mercaderías por $ 1000 y las pagamos con dinero, se registra que ingresaron mercaderías por $1000 y que salieron $1000 para su pago.

Si todos los hechos económicos que ocurren en una empresa se anotan así, en cualquier momento puede realizarse un **balance**.

Balance deriva de *bilancia*, que significa "balanza" en italiano. A grandes rasgos, y al igual que en una balanza, en un balance puede considerarse que hay dos platillos: en el derecho, se colocan las deudas contraídas con terceros y las deudas de la empresa hacia quienes aportaron los fondos para su existencia (pasivo y patrimonio neto); en el izquierdo, lo que se compró con el capital (activo). Lógicamente, lo colocado en ambos platillos debe ser equivalente. De lo contrario, si la balanza se inclina hacia un lado, se ha cometido un error.

Los principios de la Partida Doble a tener en cuenta son:

1) QUIEN RECIBE ES DEUDOR Y QUIEN ENTREGA ES ACREEDOR. Esto significa que si alguien recibe un bien porque lo compra, es deudor, ya que debe pagar por él al acreedor, que es quien se lo vende.
2) NO HAY DEUDOR SIN ACREEDOR NI ACREEDOR SIN DEUDOR. Emparentado con el principio anterior, éste explica que –evidentemente- en toda operación existen dos partes, el que compra y el que vende, o el que adquiere un derecho y el que se obliga.
3) TODO VALOR QUE ENTRA DEBE SER EQUIVALENTE AL QUE SALE. El monto que sale o se paga por un bien, debe ser igual al valor del bien que ingresa a la empresa y viceversa.
4) TODO VALOR QUE INGRESA POR UNA CUENTA DEBE SALIR POR LA MISMA. La denominación que la contabilidad le da a un determinado elemento cuando ingresa a la empresa, debe conservarse también cuando el mismo sale de ella.
5) LAS PERDIDAS SE DEBITAN Y LAS GANANCIAS SE ACREDITAN. La Partida Doble, como su nombre lo indica, utiliza **dos** columnas, las llamadas DEBE y HABER. Las pérdidas deben anotarse en el Debe, es decir que deben ***debitarse***, y las ganancias deben anotarse en el Haber o ***acreditarse***.

3.5.2 Cuentas

Como ya se ha visto, toda organización, desde su inicio o como consecuencia de sus actividades, tendrá:

Cuentas patrimoniales			**Cuentas de resultado**	
Bienes propios y derechos a cobrar (lo que le deben a la empresa). Todo esto se denomina ACTIVO: (A)	Deudas, que conforman el PASIVO de la empresa: (P)	PATRIMONIO NETO que está constituido por la diferencia entre el Activo y el Pasivo: (PN)	Resultados negativos (que provienen, por ejemplo, de costos y gastos): (RN)	Resultados positivos (que provienen, por ejemplo, de las ventas): (RP)
El Activo puede estar constituido por: *Caja* *Banco Cta.cte. bancaria* *Banco caja de ahorro* *Banco plazo fijo* *Deudores* *Documentos a cobrar* *Mercaderías* *Materias primas* *Materiales* *Productos en proceso* *Productos terminados* *Maquinarias - Instalaciones* *Muebles y útiles - Rodados* *Terrenos* *Llave de negocio* *Patentes - Concesiones* *Franquicias -* *Cheques diferidos a cobrar* *Intereses a cobrar* *Alquileres a cobrar* ...y todo lo que sea **"a cobrar"**.	El Pasivo puede estar constituido por: *Acreedores varios* *Proveedores* *Documentos a pagar* *Cheques diferidos a pagar* *Intereses a pagar* *Comisiones a pagar* *Alquileres a pagar* ...y todo lo que sea "**a pagar**".	El Patrimonio Neto está integrado, fundamentalmente, por el Capital	Resultados Negativos puede ser por: *Costo de las mercaderías vendidas* *Gastos grales.* *Descuentos otorgados o cedidos* *Fletes pagados o perdidos* *Intereses y/o* *Alquileres pagados o perdidos* ...y todo lo que sea "**pagado, perdido, cedido u otorgado".**	Resultados Positivos puede ser: *Ventas* *Descuentos obtenidos* *Intereses ganados o cobrados* *Alquileres ganados o cobrados* *Comisiones ganadas o cobradas* ...y todo lo que sea "**ganado, cobrado u obtenido**".

Se entiende por CUENTA al concepto que agrupa elementos del patrimonio de la empresa con características similares u homogéneas, permitiendo expresar su valor monetario.

Cada cuenta representa, además, una *unidad de información* que responde a una *necesidad de información*. Por ejemplo, para una entidad puede ser necesario identificar individualmente cada uno de sus gastos, entonces utilizará cuentas como "Gastos de luz", "Gastos de teléfono", etc. A otra, en cambio, le bastará con utilizar la cuenta "Gastos de servicios".

Las cuentas de Activo, Pasivo y Patrimonio Neto, pertenecen al grupo de **Cuentas Patrimoniales**, en tanto describen elementos que integran el patrimonio de la organización. Las cuentas de Resultado Positivo y Negativo, constituyen el grupo de **Cuentas de Resultado**, porque surgen como consecuencia o resultado de las operaciones realizadas.

Todas ellas representan una herramienta esencial para el registro contable.

La estructura de una cuenta puede graficarse de la siguiente manera:

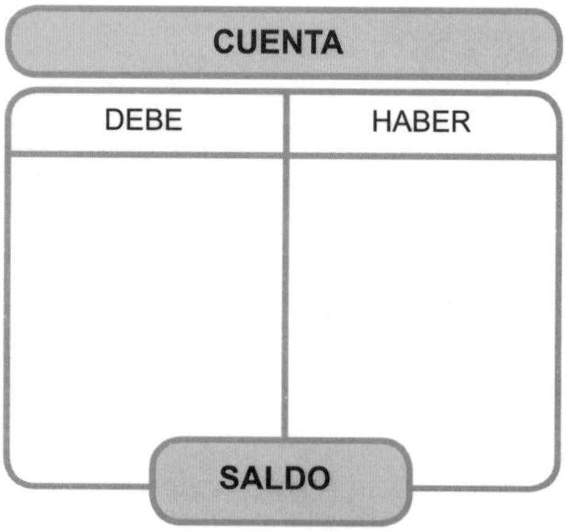

Los movimientos se anotan en una u otra columna de manera acorde con ambos miembros de la ecuación patrimonial de modo que se cumpla su igualdad. La diferencia entre ambas columnas se denomina saldo.

A continuación, se expone una descripción más detallada de cada una de las cuentas presentadas en el cuadro anterior:

CUENTAS DE ACTIVO

	CUENTA	Elemento o hecho que representa
Caja y Bancos: bienes con poder cancelatorio, legal e ilimitado	Caja	Dinero en efectivo.
	Valores a depositar	Cheques recibidos de terceros.
	Banco cta. cte.	Dinero depositado en cuenta corriente en un banco.
Inversiones: colocaciones de dinero con ánimo de lucro	Banco caja de Ahorro	Dinero depositado en caja de ahorro en un banco.
	Banco plazo fijo	Dinero depositado en un banco, a plazo fijo.
	Moneda extranjera	Monedas de otros países en poder de la empresa.
Cuentas por Cobrar: derechos frente a terceros.	Deudores por ventas	Personas que deben dinero a la empresa porque le compraron mercaderías en cuenta corriente comercial (a plazo).
	Deudores varios	Personas que deben a la empresa por otras causas.
	Documentos a cobrar	Pagarés a favor de la empresa.
	Alquileres a cobrar	Monto que se cobrará por ceder el uso de un bien.
	Intereses a cobrar	Monto adicional de dinero que se cobrará por otorgar tiempo para un pago.
	Cheque dif. a cobrar	Cheque diferido recibido de un tercero.
	Tarjetas de crédito	Cupones de tarjetas de crédito a nuestro favor, aún no cobradas.
Bienes de cambio: bienes destinados a la venta	Mercaderías	Bienes que la empresa se dedica especialmente a vender. Ej., medicamentos para una farmacia, juguetes para una juguetería, etc.
	Materias primas	Elementos esenciales con que se fabrica el producto a vender. Ej., la madera de los muebles, el cuero de los zapatos.
	Materiales	Elementos adicionales con que se fabrica el producto a vender. Ej., para los muebles, los tornillos; para los zapatos, el hilo con que se cosen.
	Productos en proceso	Productos cuyo proceso de fabricación no se ha terminado.
	Productos terminados	Productos listos para vender.
Bienes de uso: bienes destinados al uso en la empresa y cuya vida útil es mayor a un año.	Instalaciones	Elementos destinados al uso, no a la venta, y que están adheridos al inmueble, aunque pueden separarse con cierto trabajo. Ej. carteles, ventiladores de techo, estanterías.
	Muebles y útiles	Bienes destinados al uso, y que pueden trasladarse. Ej., mesas, sillas, calculadoras, etc.
	Rodados	Bienes destinados al uso, y que pueden trasladarse con facilidad debido a que poseen ruedas. Se utilizan para transporte. Ej., camiones, autos, etc.
	Maquinarias	Máquinas industriales.
	Equipos de computación	Instalaciones y equipos que componen el sistema informático de la empresa.
	Inmuebles	Bienes destinados al uso de la empresa, no a la venta, y que no pueden ser trasladados. Ej., casas, departamentos, locales, etc.
	Inmuebles, se Divide en: Terrenos	Terrenos para uso de la empresa. Si poseen edificios construidos sobre ellos, forman, en conjunto, los inmuebles.
	Inmuebles, se Divide en: Edificios	Construcciones para uso de la empresa.
Bienes Intangibles: son bienes no corpóreos con valor económico	Llave de negocio	Prestigio y clientela de la empresa que pueden originar ganancias futuras. Es un bien intangible, es decir, no material, pero que posee valor económico.
	Concesiones	Es un bien intangible que representa el permiso obtenido del Estado para explotar un recurso u obra. Ej., concesión de una ruta.
	Patentes	Privilegios, amparados por ley, que aseguran a su poseedor el uso o venta de un invento por un tiempo determinado.
	Franquicias	Permiso para utilizar el nombre y el *know how* o forma de producción y trabajo de otra empresa, remitiéndole, a cambio, un porcentaje de las ganancias.

CUENTAS DE PASIVO

Cuentas por pagar: obligaciones a pagar a terceros.

CUENTA	Elemento o hecho que representa
Acreedores	Personas a las que la empresa debe por compras en cuenta corriente comercial o préstamos obtenidos.
Proveedores	Personas a las que la empresa debe por compra de mercaderías en cuenta corriente comercial.
Documentos a pagar	Pagarés entregados a favor de terceros.
Cheques diferidos a pagar	Cheques diferidos entregados a terceros.
Alquileres a pagar	Monto que se pagará por obtener el uso de un bien.
Comisiones a pagar	Monto que se pagará a un intermediario en una operación comercial.
Intereses a pagar	Monto adicional de dinero que se pagará por obtener un plazo para pagar una deuda.

CUENTAS DE PATRIMONIO NETO

CUENTA	Elemento o hecho que representa
Capital	Es la diferencia entre el Activo y el Pasivo, vale decir, es lo que realmente posee la empresa.
Otras	Serán analizadas con posterioridad.

CUENTAS DE RESULTADO NEGATIVO

CUENTA	Elemento o hecho que representa
Costo de mercaderías vendidas	Gastos incurridos en la obtención de las mercaderías que se vendieron.
Gastos Generales	Gastos varios de la empresa. Ej., viáticos, limpieza, etc.
Descuentos otorgados o cedidos	Rebaja de precio que se hace a un cliente por pago en efectivo o adelantado.
Sueldos y Jornales	Remuneraciones pagadas a los empleados.
Servicios	Servicios pagados, como luz, gas, teléfono, etc.
Fletes pagados o perdidos	Gastos de transporte.
Intereses pagados o perdidos	Representan el recargo que se aplica a un determinado valor, por ejemplo, por el pago en cuotas o en cuenta corriente.
Alquileres pagados o perdidos	Representa el pago mensual por el uso de un bien inmueble

CUENTAS DE RESULTADO POSITIVO

CUENTA	Elemento o hecho que representa
Ventas	Ingresos que se obtienen al vender mercaderías.
Descuentos obtenidos	Rebaja obtenida en el precio de una compra por pago en efectivo o adelantado.
Intereses cobrados o ganados	Representa el recargo que se cobra, por ejemplo, por el cobro en cuotas o en cuenta corriente.
Alquileres ganados o cobrados	Representa el cobro mensual por dar en uso un bien inmueble.
Comisiones ganadas o cobradas	Representa el dinero que se percibe por haber realizado una tarea, encargada a otra persona.

3.5.2.1 Terminología relacionada con las cuentas

Debitar una cuenta: significa colocar su importe en la columna DEBE.

Acreditar una cuenta: implica colocar su importe en la columna HABER.

Saldo de una cuenta: es la diferencia entre la columna Debe y la columna Haber y muestra el valor en pesos de cada cuenta, en determinado momento. El saldo será **deudor** en la medida que los valores debitados sean mayores que los acreditados, en caso contrario, el saldo será **acreedor**.

DEBE < HABER → SALDO ACREEDOR

DEBE > HABER → SALDO DEUDOR

DEBE = HABER → CUENTA SALDADA (SALDO CERO)

En este punto es importante recordar que los nombres DEBE y HABER nada tienen que ver con que se "DEBE" o que "HAY" algo. Simplemente, identifican a cada columna. Estas denominaciones son de origen latino; *debet* y *kredit* significaron *debe* y *fía* respectivamente. Los usos y costumbres hicieron que aún hoy se sigan utilizando estos términos, aunque **sin** su acepción original.

3.5.2.2 *Plan de cuentas*

Es la enunciación y ordenamiento de las cuentas que se utilizan en el proceso contable de una empresa. Cada cuenta posee un código que la identifica, y que puede ser numérico o alfabético. Presenta distintos niveles de jerarquía, según su especificidad.

Ejemplo: 1. Activo → → → → → → *Más general y de mayor jerarquía*

- 1.1 Caja
- 1.2 Valores a depositar
- 1.3 Banco c/c.
  - 1.3.1 Banco Nación c/c
  - 1.3.2 Banco Provincia c/c

(1.1 a 1.3.2) → *Más específicas y de menor jerarquía*

2. Pasivo
   - 2.1 Proveedores
     - 2.1.1 Proveedor López
     - 2.1.2 Proveedor Gutiérrez
     - 2.1.3 Proveedor La Estrella SA.
   - 2.2 Acreedores

3. Patrimonio Neto
   - 3.1 Capital

4. Resultados Positivos
   - 4.1 Ventas

5. Resultados Negativos
   - 5.1 Costo de Mercaderías Vendidas

Las cuentas más comunes son las aquí presentadas, pero cada organización puede cambiar su nombre o crear nuevas para lograr referencias más claras, de acuerdo a su tipo de actividad. Por ejemplo, un club náutico utilizará cuentas como "amarras", o "sogas"; una explotación agrícola, "maíz", "trigo", "silos", etc.

Si bien todas son válidas en tanto figuren en el plan de cuentas, al momento de definir su nombre es necesario prestar mucha atención para que la denominación sea lo suficientemente precisa y, tanto el que tiene avanzados conocimientos contables como el que no, puedan reconocerla.

3.5.2.3 *Manual de cuentas*

Es una herramienta que explica el funcionamiento de cada cuenta, indicando el modo de utilización de las mismas. Por ejemplo:

CAJA, es una cuenta patrimonial del activo con saldo deudor que se debita por el valor del dinero en efectivo en existencia, o por el valor del efectivo que ingresa. Se acredita por las salidas por depósitos bancarios o por pagos.

Análisis de cuentas

1. Cuentas Patrimoniales del Activo

   1.1 Rubro Caja y Bancos

   1.1.1 **Caja**: se debita cuando ingresa el dinero. Se acredita cuando se paga en efectivo. El saldo es deudor y representa el dinero que aún tiene la empresa.

   1.1.2 **Banco x Cuenta Corriente**: se debita cuando se deposita dinero y/o cheques recibidos de terceros en la cuenta corriente bancaria. Se acredita cuando se paga con cheque. El saldo es deudor y representa el importe que se tiene en la cuenta bancaria.

   1.1.3 **Valores a depositar**: se debita cuando se recibe un cheque de terceros. Se acredita cuando se deposita ese cheque, cuando se cobra en ventanilla en el banco o cuando se endosa a favor de terceros. El saldo es deudor y representa los cheques que aún no se depositaron.

   1.2 Rubro Inversiones

   1.2.1 **Banco x Caja de Ahorros**: se debita cuando se deposita en un banco, bajo la clasificación de Caja de Ahorros y se acredita cuando se retira dinero de la misma. El saldo es deudor y representa el dinero depositado en la Caja de Ahorros del Banco.

   1.2.2 **Moneda Extranjera**: se debita por la compra realizada en moneda extranjera y se acredita al venderla. El saldo es deudor y representa el importe que se tiene en moneda de otro país.

   1.2.3 **Banco x Plazo Fijo**: se debita al depositar dinero en el banco bajo la forma de plazo fijo. Se acredita al retirarlo o cuando se renueva el plazo fijo. El saldo es deudor y representa el dinero depositado en un banco bajo este tipo de cuenta bancaria.

   1.3 Rubro Cuentas por Cobrar

   1.3.1 **Documentos a Cobrar**: se debita cuando recibimos un pagaré a nuestro favor y se acredita cuando cobramos el mismo o se convierte en moroso, en juicio o incobrable. El saldo es deudor y representa los documentos que aún no se han cobrado.

   1.3.2 **Deudores Varios**: se debita cuando nos deben en cuenta corriente comercial (por vender bienes de uso, etc. y no por venta de mercaderías). Se acredita cuando pagan, se convierten en morosos, en juicio o en incobrables. El saldo es deudor y representa el dinero que aún nos deben.

   1.3.3 **Deudores por Ventas**: se debita cuando nos deben por venta de mercaderías en cuenta corriente comercial y se acredita cuando nos pagan o se convierten en morosos, en juicio o incobrables. El saldo es deudor y representa el dinero que aún nos deben.

   1.3.4 **Tarjetas de crédito**: se debita al vender con tarjeta y se acredita cuando depositamos los cupones para su cobro o recibimos la información bancaria para que se acredite el importe de la liquidación en nuestra cuenta. El saldo es deudor y representa los cupones a nuestro favor.

   1.4 Rubro Bienes de Cambio

   1.4.1 **Mercaderías**: se debita cuando se compran productos destinados a la venta y se acredita en el asiento de costo de las mercaderías vendidas. El saldo deudor representa las mercaderías que se encuentran en el depósito de la empresa.

1.4.2 **Materias Primas**: se debita cuando se compran y se acreditan cuando se envían a producción para su elaboración. El saldo es deudor y representa las materias primas en poder de la empresa para su posterior elaboración.

También integran este rubro cuentas como Materiales, Productos en proceso, Productos terminados, etc.

1.5 Rubro Bienes de Uso

1.5.1 **Rodados**: se debita cuando se adquieren y se acredita cuando se venden. El saldo es deudor y representa los rodados que tiene la empresa.

1.5.2 **Inmuebles**: se debita cuando se compra un inmueble (el mismo esta compuesto por el terreno y el edificio) y se acredita al venderlos. El saldo es deudor y representa los inmuebles que tiene la empresa.

1.5.3. **Equipos de Computación**: se debita cuando se compran y se acredita cuando se venden. El saldo es deudor y representa las computadoras que tiene la empresa.

1.5.4 **Muebles y Útiles**: se debita al comprarlos y se acredita al venderlos. El saldo es deudor y representa los muebles y útiles que tiene la empresa.

1.5.5 **Instalaciones**: se debita al comprarlas y se acredita al venderlas. El saldo es deudor y representa las instalaciones que tiene la empresa.

1.5.6 **Herramientas**: se debita al comprarlas y se acredita al venderlas. El saldo es deudor y representa las herramientas que tiene la empresa.

1.5.7 **Maquinarias**: se debita cuando se compran y se acredita cuando se venden. El saldo es deudor y representa las maquinarias que tiene la empresa.

1.6 Rubro Bienes Intangibles

1.6.1 **Llave de Negocio**: se debita por su adquisición y se acredita cuando se vende ese derecho. El saldo es deudor y representa el valor en llave de negocio que tiene la empresa.

Integran este rubro las cuentas: Marcas y Patentes, Derechos de Autor, etc.

2. <u>Cuentas del Pasivo</u>

2.1 Cuentas por Pagar

2.1.1 **Documentos a Pagar**: se acredita cuando contraemos una deuda documentada a favor de terceros y se debita cuando se abona. El saldo es acreedor y representa los documentos que aún debemos.

2.1.2 **Acreedores Varios**: se acredita cuando debemos en cuenta corriente comercial (por comprar bienes de uso, etc. y no por compra de mercaderías). Se debita cuando abonamos la deuda. El saldo es acreedor y representa lo que todavía debemos.

2.1.3 **Proveedores**: se acredita cuando compramos mercaderías en cuenta corriente y se debita cuando pagamos la deuda. El saldo es acreedor y representa lo que debemos.

3. <u>Patrimonio Neto</u>

3.1 **Capital**: se acredita cuando se inicia una empresa y se debita cuando quiebra o se une con otra para formar una más grande. El saldo es acreedor y representa el aporte de los socios a la empresa.

4. Cuentas de Resultado

4.1 Resultados positivos

4.1.1 **Ventas**: se acredita cuando se venden mercaderías y se debita en el asiento de cierre o refundición de cuentas. El saldo es acreedor y representa el importe de las mercaderías que vendimos o servicios prestados.

4.1.2 **Alquileres Cobrados**: se acredita cuando se cobran alquileres y se debita cuando se efectúa el asiento de cierre o refundición. El saldo es acreedor y representa el importe que cobramos a terceros por usar propiedades de nuestro patrimonio.

4.1.3 **Intereses Cobrados**: se acredita cuando se cobran intereses y se debita cuando se efectúa el asiento de cierre o refundición de cuentas. El saldo es acreedor y representa el recargo que recobramos a nuestros clientes o deudores por los pagos fuera de término, o préstamos de dinero otorgados.

4.1.4 **Comisiones Cobradas**: se acredita cuando se cobran y se debita cuando se efectúa el asiento de cierre o refundición de cuentas. El saldo es acreedor y representa la retribución que corresponde por servicios prestados.

4.2 Resultados Negativos

4.2.1 **Costo de Mercaderías Vendidas**: se debita al registrar el costo de la mercaderías vendidas y se acredita en el asiento de cierre o refundición. El saldo es deudor y representa el precio que le costó a la empresa la mercadería que compró o fabricó y luego vendió.

4.2.2. **Gastos Generales**: se debita al registrar el pago de gastos y se acredita en el asiento de cierre o refundición. El saldo es deudor y representa los gastos habituales que tiene la empresa.

4.2.3 **Alquileres Pagados**: se debita al abonar los alquileres y se acredita en el asiento de cierre o refundición de cuentas. El saldo es deudor y representa el importe que pagamos a terceros por utilizar bienes de su patrimonio.

4.2.4 **Intereses Pagados**: se debita al abonar los intereses y se acredita en el asiento de refundición de cuentas. El saldo es deudor y representa el recargo que nos cobran por los pagos fuera de término o préstamos de dinero solicitados.

4.2.5 **Comisiones Pagadas**: se debita cuando se paga y se acredita cuando se efectúa el asiento de cierre o refundición de cuentas. El saldo es deudor y representa la retribución abonada que corresponde por servicios contratados.

Vocabulario

Morosos: son deudores que se demoran en el plazo de pago.

En juicio: son aquellos deudores a quienes se les inició juicio por falta de pago.

Incobrables: son aquellos créditos que no serán cobrados por quiebra, muerte del deudor, etc.

Rubro: agrupación de cuentas con características similares.

3.5.3 Libro Diario

El libro **Diario** es el primer paso del registro contable. En él se vuelcan todas las operaciones que realiza la empresa, en forma cronológica.

Para llevar a cabo el registro en el libro Diario es preciso tener presente, además de las cuentas y los principios de la Partida Doble ya mencionados, las reglas que se resumen en el siguiente cuadro:

DEBE	HABER
A+	A-
P-	P+
PN-	PN+
RP-	RP+
RN+	RN-

No es caprichosa esta distribución de movimientos: los aumentos de las partidas coinciden con ambos lados de la ecuación contable

➜ ➜ ➜

DEBE	HABER
ACTIVO	PASIVO
	P N
R N	R P

Esto significa que, cuando a raíz de una operación comercial se produce un aumento de una cuenta de activo, éste debe anotarse en el DEBE, pero si disminuye, en el HABER.

Un aumento de una cuenta de pasivo se registra en el HABER, mientras que su disminución, en el DEBE.

Un aumento de una cuenta de Patrimonio Neto se registra en el HABER, y su disminución en el DEBE.

Un aumento en una cuenta de Resultado Positivo se registra en el HABER, y su disminución, en el DEBE.

Un aumento en una cuenta de Resultado Negativo se registra en el DEBE, mientras que su disminución, en el HABER.

Mafalda, por Quino

Ejemplo de registro

El día 1/3 nuestra empresa (monotributista), dedicada a la venta de muebles, ha comprado **mercaderías** a otro monotributista por $ 4.326,50 en **efectivo**. El encargado de la "jornalización" o registración en el Diario, deberá pensar:

¿Qué cuentas utilizo?

MERCADERÍAS | **CAJA**

¿Qué tipo de cuentas son?

Activo | Activo

¿Aumentan o disminuyen?

Porque se adquieren **más** mercaderías → **+**

- ← Porque queda **menos** dinero en efectivo

Se coloca en el DEBE la cuenta MERCADERÍAS

Se coloca en el HABER la cuenta CAJA

N° de asiento

folio del libro

Mayor donde están «mayorizadas» las cuentas

Fecha		Cuentas		DEBE		HABER	
		1					
Marzo	1	Mercaderías		4.326	,50		
		a Caja				4.326	50
		Por la compra de mercaderías s/factura C N° 068					
		2					

Mes ***día***

columna para los centavos

N° del siguiente asiento

Leyenda que explica la operación

Este diseño puede tener variaciones. Suele incluirse otra columna para los códigos de las cuentas; también la leyenda o detalle puede tener su columna propia, pero siempre debe contarse con los espacios necesarios para incluir todos los datos aquí consignados.

Estos registros son denominadas **asientos** ya que dejan "asentadas" las operaciones en el libro Diario. De acuerdo con las características de cada una, los asientos utilizan las diferentes cuentas y reflejan las distintas formas de pago. Éstos, básicamente, pueden ser:

Formas de realizar la compra-venta

→ Al contado
- en efectivo, se entregan billetes y monedas.
- con cheque, es preciso tener una cuenta corriente bancaria.

→ A plazo
- en cuenta corriente comercial, se difiere el pago hasta una fecha determinada.
- con documento, a través de un pagaré.

3.5.3.1 *Operaciones en efectivo*

Siempre va a intervenir la cuenta Caja.

Ejemplos

(todos los ejemplos presentados en este capítulo corresponden a operaciones entre monotributistas, en los cuales no se detalla el IVA).

El 2/3 se compran dos **escritorios para las oficinas de ventas** a $ 400 c/u y se paga en **efectivo** según factura original C N° 131.

¿Qué cuentas utilizar?

MUEBLES Y ÚTILES	CAJA

¿Qué tipo de cuentas son?

Activo	Activo

¿Aumentan o disminuyen?

+	-
Su importe se ubica en el DEBE	**Su importe se ubica en el HABER**

Fecha		Cuentas		DEBE	HABER
		1			
Marzo	2	Muebles y útiles (A+)		800 00	
		a Caja (A-)			800,00
		Por la compra de muebles y útiles s/factura C Nº 131			

El 3/3 se **cobran alquileres correspondientes al mes de marzo** por $ 1.785 en **efectivo** según recibo duplicado C Nº 223.

¿Qué cuentas utilizar?

CAJA	ALQUILERES COBRADOS

¿Qué tipo de cuentas son?

ACTIVO	RESULT. POSITIVO

¿Aumentan o disminuyen?

+	+
Se ubica en el DEBE	**Se ubica en el HABER**

Fecha		Cuentas		DEBE	HABER
		2			
Marzo	3	Caja (A+)		1785,00	
		a Alquileres cobrados (RP+)			1785,00
		Por el cobro de alquiler s/recibo C Nº 223			

3.5.3.2 *Operaciones con cheque*

Si se *entrega* un cheque para comprar o pagar, se utiliza la cuenta **Banco c/c**.

Al *recibir* el cheque por una venta o un cobro, se utiliza la cuenta **Valores a Depositar**

Ejemplos

El 4/3 se compran **artículos para la venta** por un total de $ 5.168,25 **pagando** con un **cheque de nuestra cuenta corriente bancaria según factura original N° 255**.

¿Qué cuentas utilizar?

MERCADERÍAS | **BANCO C/C**

¿Qué tipo de cuentas son?

ACTIVO | ACTIVO

¿Aumentan o disminuyen?

\+ | -

Se ubica en el DEBE | **Se ubica en el HABER**

Fecha		Cuentas	DEBE	HABER
		3		
Marzo	4	Mercaderías (A+)	5168,25	
		a Banco C/C (A-)		5168,25
		Por la compra de mercaderías s/fact C N° 255		

El 6/3 se **cobran alquileres** por $2.000 correspondientes al mes de marzo **recibiendo un cheque cruzado** según recibo duplicado C N° 334.

¿Qué cuentas utilizar?

VALORES A DEPOSITAR | **ALQUILERES COBRADOS**

¿Qué tipo de cuentas son?

ACTIVO | RESULT. POSIT.

¿Aumentan o disminuyen?

\+ | +

Se ubica en el DEBE | **Se ubica en el HABER**

Fecha		Cuentas		DEBE	HABER
		4			
Marzo	6	Valores a depositar (A+)		2.000,00	
		a Alquileres cobrados (RP+)			2.000,00
		Por cobro de alquileres s/ recibo C Nº 334			

Tratándose de cheques diferidos:

Si se *entrega* un cheque diferido se utiliza la cuenta: **Cheque diferido a pagar** (Pasivo)

Si se *recibe* un cheque diferido se utiliza la cuenta: **Cheque diferido a cobrar** (Activo)

Ejemplos

El 10/3 se compran **escritorios para la venta** por $ 3.200, **entregando un cheque diferido** con fecha de pago el 10/5 según factura C Nº 655.

¿Qué cuentas utilizar?

MERCADERÍAS | **CHEQUE DIFERIDO A PAGAR**

¿Qué tipo de cuentas son?

ACTIVO | PASIVO

¿Aumentan o disminuyen?

\+ | +

Se ubica en el DEBE | **Se ubica en el HABER**

Fecha		Cuentas		DEBE	HABER
		4			
Marzo	10	Mercaderías (A+)		3.200,00	
		a Cheque Diferido a pagar (P+)			3.200,00
		Por compra s/ fact. C Nº 655			

El 10/5 **se debita de la c/c bancaria** el importe del **cheque diferido** según resumen bancario.

¿Qué cuentas utilizar?

CHEQUE DIFERIDO A PAGAR	**BANCO C/C**

¿Qué tipo de cuentas son?

PASIVO	ACTIVO

¿Aumentan o disminuyen?

-	-
Se ubica en el DEBE	**Se ubica en el HABER**

Fecha		Cuentas		DEBE		HABER	
		5					
Marzo	10	Cheque Diferido a pagar (P-)		3.200	00		
		A Banco C/C (A-)				3.200	00
		Según resumen bancario					

El 10/3 Se recibe un **cheque diferido** con fecha de cobro 10/5, por comisiones que nos hemos ganado por $ 2.400 según recibo duplicado C N° 335.

¿Qué cuentas utilizar?

CHEQUE DIFERIDO A COBRAR	**COMISIONES GANADAS**

¿Qué tipo de cuentas son?

ACTIVO	RESUL. POSIT

¿Aumentan o disminuyen?

+	+
Se ubica en el DEBE	**Se ubica en el HABER**

Fecha		Cuentas		DEBE		HABER	
		6					
Marzo	10	Cheque diferido a cobrar (A+)		2,400	00		
		a Comisiones ganadas (RP+)				2.400	00
		s/ recibo C Nº 335					

El 10/5 se cobra en **efectivo** el **cheque diferido** recibido el 10/3 según recibo duplicado C Nº 336.

¿Qué cuentas utilizar?

CAJA | **CHEQUE DIFERIDO A COBRAR**

¿Qué tipo de cuentas son?

ACTIVO | ACTIVO

¿Aumentan o disminuyen?

+ | **-**

Se ubica en el DEBE | **Se ubica en el HABER**

Fecha		Cuentas		DEBE		HABER	
		6					
Marzo	10	Caja (A+)		2,400	00		
		Cheque Diferido a cobrar (A-)				2,400	00
		s/recibo duplicado C Nº 336					

3.5.3.3 Operaciones en cuenta corriente comercial

Si *debemos* en cuenta corriente comercial por compras

En el caso de que la deuda sea por compra de mercaderías, se utiliza la cuenta **Proveedores (Pasivo)**

En el caso de que la deuda sea por compra de otros bienes o por otros motivos se utiliza la cuenta **Acreedores varios (Pasivo)**

Si *nos deben* en cuenta corriente comercial por ventas

Se utiliza la cuenta **Deudores por ventas (Activo)**	Si el crédito es por otros motivos se utiliza **Deudores varios (Activo)**

Ejemplos

El 12/3 se adquieren tres **estanterías para vender**, a $ 510 c/u que **se deben en c/c comercial** a 30 días según factura original C Nº 277.

¿Qué cuentas utilizar?

MERCADERÍAS	**PROVEEDORES**

¿Qué tipo de cuentas son?

ACTIVO	PASIVO

¿Aumentan o disminuyen?

+	**+**
Se ubica en el DEBE	**Se ubica en el HABER**

Fecha		Cuentas		DEBE		HABER	
		7					
Marzo	12	Mercaderías (A+)		1.530	00		
		a Proveedores (P+)				1.530	00
		Por la compra de mercaderías s/fact C Nº 277					

A los 30 días, se cancela la **deuda** en **efectivo** según recibo duplicado C Nº 112.

¿Qué cuentas utilizar?

PROVEEDORES	**CAJA**

¿Qué tipo de cuentas son?

PASIVO	ACTIVO

¿Aumentan o disminuyen?

-	**-**
Se ubica en el DEBE	**Se ubica en el HABER**

Fecha		Cuentas		DEBE		HABER	
		....					
Abril	12	Proveedores (P-)		1.530	00		
		Caja (A-)				1.530	00
		Por el pago en efvo. de la deuda en c/c s/ recibo X Nº 112					

El 13/3 se compran cuatro **equipos de aire acondicionado para utilizar** en los locales de venta y oficinas de la empresa a $ 1.000 c/u. que se deben en **c/c comercial** a 60 días según factura original C Nº 781

¿Qué cuentas utilizar?

INSTALACIONES | **ACREEDORES**

¿Qué tipo de cuentas son?

ACTIVO | PASIVO

¿Aumentan o disminuyen?

+ | **+**

Se ubica en el DEBE | **Se ubica en el HABER**

Fecha		Cuentas		DEBE		HABER	
		8					
Marzo	13	Instalaciones (A+)		4.000,	00		
		a Acreedores varios (P+)				4.000	00
		Por la compra de instalaciones s/fact C nº 781					

El 13/5 se paga la **deuda** entregando un **cheque de nuestra cuenta corriente bancaria** según recibo original C Nº 450.

¿Qué cuentas utilizar?

BANCO C/C | **ACREEDORES**

¿Qué tipo de cuentas son?

ACTIVO | PASIVO

¿Aumentan o disminuyen?

- | **-**

Se ubica en el HABER | **Se ubica en el DEBE**

Fecha		**Cuentas**		**DEBE**		**HABER**	
		....					
Mayo	13	Acreedores vs. (P-)		4.000	00		
		a Banco c/c (A-)				4.000	00
		Por pago de deuda s/ recibo X Nº 450					

El 31/3 comprobamos que el Señor López **nos adeuda alquileres** por $ 965 por el mes de marzo.

¿Qué cuentas utilizar?

DEUDORES | **ALQ. GANADOS**

¿Qué tipo de cuentas son?

ACTIVO | RESULT. POSIT.

¿Aumentan o disminuyen?

+ | **+**

Se ubica en el DEBE | **Se ubica en el HABER**

Fecha		Cuentas	DEBE	HABER
		9		
Marzo	31	Deudores Varios(A+)	965,00	
		a Alquileres Ganados.(RP+)		965,00
		Por alquileres ganados		

El 14/4 se **cobran los alquileres** en **efectivo** según recibo N° 074.

¿Qué cuentas utilizar?

DEUDORES	**CAJA**

¿Qué tipo de cuentas son?

ACTIVO	ACTIVO

¿Aumentan o disminuyen?

-	**+**
Se ubica en el HABER	**Se ubica en el DEBE**

Fecha		Cuentas	DEBE	HABER
		....		
Abril	14	Caja (A+)	965,00	
		a Deudores Varios (A-)		965,00
		S/ Recibo C N° 074		

3.5.3.4. Operaciones con pagaré

Si se *entrega* el pagaré se utiliza la cuenta " Doc. a pagar" (Pasivo)	Si se *recibe* el pagaré se utiliza la cuenta "Doc. a cobrar" (Activo)

El 15/3 se compran **artículos de limpieza** para todo el establecimiento por $ 854,50 **entregando un pagaré** a 30 días según factura original C N° 022.

¿Qué cuentas utilizar?

GTOS. GRALES | **DOC. A PAGAR**

¿Qué tipo de cuentas son?

R N | PASIVO

¿Aumentan o disminuyen?

+ | **+**

Se ubica en el DEBE | **Se ubica en el HABER**

Fecha		Cuentas		DEBE		HABER	
		9					
Marzo	15	Gastos generales (RN+)		854	50		
		a Documentos a pagar(P+)				854,	50
		Por la compra de art. de limpieza s/fact C N° 022					

A los 30 días, se cancela la **deuda documentada** en **efectivo,** según recibo original C N° 447.

¿Qué cuentas utilizar?

DOC. A PAGAR | **CAJA**

¿Qué tipo de cuentas son?

PASIVO | ACTIVO

¿Aumentan o disminuyen?

- | **-**

Se ubica en el DEBE | **Se ubica en el HABER**

Fecha		Cuentas	DEBE	HABER
		....		
Abril	15	Documentos a pagar (P-)	965,00	
		a Caja (A-)		965,00
		Por pago de deuda documentada s/ recibo X Nº 447		

El 16/3 se recibe un **pagaré a nuestro favor** a 90 días por **comisiones ganadas**
Importe: $ 967,5 según recibo duplicado C Nº 581.

¿Qué cuentas utilizar?

DOC. A COBRAR | **COMISIONES GANADAS**

¿Qué tipo de cuentas son?

ACTIVO | RESULT. POSIT.

¿Aumentan o disminuyen?

+ | +

Se ubica en el DEBE | **Se ubica en el HABER**

Fecha		Cuentas	DEBE	HABER
		10		
Marzo	16	Doc a cobrar (A+)	967,50	
		a Comisiones ganadas (RP+)		967,50
		S/ recibo C Nº 581		

A los 90 días, se cobra el **documento** en **efectivo** según recibo duplicado C N° 582.

¿Qué cuentas utilizar?

DOC. A COBRAR	CAJA

¿Qué tipo de cuentas son?

ACTIVO	ACTIVO

¿Aumentan o disminuyen?

-	+
Se ubica en el HABER	**Se ubica en el DEBE**

Fecha		Cuentas	DEBE	HABER
		....		
Junio	16	Caja (A+)	967,50	
		a Doc. a cobrar (A-)		967,50
		Por cobro de documento s/recibo C N° 582		

3.5.3.5 *Ventas*

Para la registración de las ventas deben tenerse presentes el precio de costo y el precio de venta. El primero equivale (en una empresa industrial) a la suma de todos los costos incurridos en la elaboración de los productos: materias primas, materiales, mano de obra, desgaste de maquinarias, entre otros. En el caso de una empresa comercial, es el total de gastos necesarios para adquirir las mercaderías.

El precio de venta, es igual al precio de costo más los gastos de venta (flete, instalación, etc.), más el margen de beneficios.

Se deberán registrar tanto uno como el otro para que, de su diferencia, pueda verse claramente el resultado (ganancia o pérdida) obtenido:

PRECIO DE VENTA – PRECIO DE COSTO = RESULTADO

Ejemplo

El 20/3 se compran mercaderías por $ 3.000 en efectivo, gastos de fletes: $ 100, según factura original C N° 380.

Fecha		Cuentas		DEBE		HABER	
		1					
Marzo	20	Mercaderías (A+)		3.100	00		
		a Caja (A-)				3.100	00
		Por compra de mercaderías s/factura C Nº 380					

El 30/3 se vende el total de las mercaderías compradas en la operación anterior, en $ 4.000 que se cobran en efectivo según factura duplicado C Nº 106.

¿Qué cuentas utilizar?

CAJA | **CMV** | **VENTAS** | **MERCADERÍAS**

¿Qué tipo de cuentas son?

ACTIVO | RN | RP | ACTIVO

¿Aumentan o disminuyen?

+ | **+** | **+** | **-**

Se ubican en el DEBE | **Se ubican en el HABER**

Por el cobro en efectivo

Por tratarse de una venta

Fecha		Cuentas		DEBE		HABER	
		2					
Marzo	30	Caja (A+)		4.000	00		
		a Ventas (RP+)				4.000	00
		2'					
		CMV (RN+)		3.100	00		
		a Mercaderías (A-)				3.100	00
		Por la compra de mercaderías s/factura C Nº 068					

Para registrar el costo de la mercadería que se acaba de vender

Para dar salida a las mercaderías que se lleva el cliente

PRECIO DE VENTA:	***4.000,00***
PRECIO DE COSTO:	***3.100,00***
RESULTADO:	***900,00***

Aclaración: El registro del CMV se puede efectuar con cada venta o en forma periódica y global, por ejemplo, mensualmente.

3.5.3.6 *Asientos compuestos*

Son aquellos en los que intervienen más de dos cuentas

El mecanismo de registración es el mismo, simplemente debe controlarse que el DEBE sea igual al HABER, de acuerdo con la ecuación patrimonial.

Ejemplo

El 4/4 se adquieren mercaderías por $ 4.000, pagando la mitad con un cheque y el resto en cuenta corriente comercial a 60 días según factura original C N° 570.

Fecha		Cuentas		DEBE		HABER	
		1					
Abril	4	Mercaderías (A+)		4.000	00		
		a Banco C/C (A-)				2.000	00
		a Proveedores (P+)				2.000	00
		Por compra s/factura C N° 570					

3.5.3.7 *Rebajas de precio*

Pueden ser de dos tipos:

Tipo de rebaja	BONIFICACIÓN	DESCUENTO
Motivos por los cuales se efectúa	• Compra de gran cantidad de mercaderías • Fallas en las mismas • Promoción especial • Liquidación por fin de temporada	• Pago al contado • Pago adelantado
Tratamiento contable	En el asiento no figura ninguna cuenta que refleje este tipo de rebaja de precio. Se anotan los importes ya rebajados.	Figura la cuenta “Descuentos otorgados” (RN) o “Descuentos obtenidos” (RP). Es importante para la empresa reflejar los descuentos porque hablan de su liquidez, es decir, de su capacidad de pago o cobro en efectivo.

Ejemplos

El 5/4 se adquieren mercaderías por $ 3.000 en efectivo según factura original C N° 581. Rebaja de precio por liquidación: 5%. [3.000 - 150 (5% de bonif.) = 2.850]

Fecha		Cuentas		DEBE		HABER	
		1					
Abril	5	Mercaderías (A+)		2.850	00		
		a Caja (A-)				2.850	00
		Por compra s/factura C N° 581					

El 6/4 se adquieren mercaderías por $ 3.000 con un descuento del 5% por pago en efectivo, según factura original C N° 582. [3.000 - 150 (5% de bonif.) = 2.850]

Fecha		Cuentas		DEBE		HABER	
		2					
Abril	6	Mercaderías (A+)		3.000	00		
		a Caja (A-)				2.850	00
		Descuentos obtenidos (RP+)				150	00
		Por compra s/factura C N° 582					

El 15/4 se vende el 50% de las mercaderías adquiridas en la operación anterior en $ 4.000 en c/c comercial. Bonificación por promoción especial, 10%, según factura duplicado C N° 107.
[4.000 - 400 (10% de bonif.) = 3.600]

Fecha		Cuentas		DEBE		HABER	
		3					
Abril	15	Deudores por Ventas (A+)		3.600	00		
		a Ventas (RP+)				3.600	00
		Por venta de mercaderías s/ Factura C N° 107					
		3'					
		CMV (RN+)		1.500	00		
		a Mercaderías (A-)				1.500	00

El 16/4 se vende el otro 50% de las mercaderías adquiridas el 6/4, en $ 4.000 en efectivo. Descuento por pago en efectivo 10%, según factura duplicado C Nº 108.
4.000 - (400) 10% de bonif. = 3.600

Fecha		Cuentas		DEBE		HABER	
		4					
Abril	15	Caja (A+)		3.600	00		
		Descuentos otorgados (RN+)		400	00		
		a Ventas (RP+)				4.000	00
		Por venta de mercaderías s/ Factura C Nº 108					
		4'					
		CMV (RN+)		1.500	00		
		a Mercaderías (A-)				1.500	00

3.5.3.8 Notas de débito y notas de crédito

Para recordar:

	NOTA DE DÉBITO	NOTA DE CRÉDITO
CONCEPTO	Comunicación del aumento de una deuda en cuenta corriente comercial.	Comunicación de la disminución de una deuda en cuenta corriente comercial.
EMISOR	Vendedor	Vendedor
EL ORIGINAL ES PARA...	Comprador	Comprador
EL DUPLICADO ES PARA...	Vendedor	Vendedor
MODELO	A, B o C	A, B o C
MOTIVOS DE SU EMISIÓN	• Error en la facturación (se facturó de menos). • Fletes u otros gastos a cargo del comprador. • Intereses por atraso en el pago.	• Error en la facturación (se facturó de más). • Devolución de mercaderías vendidas.

¿Cómo se registran?

NOTA DE DÉBITO						
Operación (entre monotributistas)	Registración que realiza el emisor (vendedor)			Registración que realiza el receptor (comprador)		
Compra-venta de mercaderías en c/c comercial por $ 1.000, s/ factura C Nº 094. CMV: $ 500	Deudores por ventas(A+) a Ventas (RP+) S/ fact C dupl Nº 094 CMV (RN+) a Mercaderías (A-)	1000 500	 1000 500	Mercaderías (A+) a Proveedores (P+) S/ fact C orig Nº 094	1000	 1000
Se emite una nota de débito C Nº 01 por $ 100 por fletes a cargo del comprador	Deudores por ventas (A+) a Ventas de servicios (RP+) S/ nta. déb. C dupl Nº 01	100	 100	Mercaderías (A+) a Proveedores (P+) S/ nta déb C orig Nº 01	100	 100
Se emite una nota de débito C Nº 02 por $ 200 por error en la factura Nº 094.	Deudores por ventas (A+) a Ventas (RP+) S/ nta. déb. C dupl Nº 02	200	 200	Mercaderías (A+) a Proveedores (P+) S/ nta déb C orig Nº 02	200	 200
Se emite una nota de débito C Nº 03 por $ 50 por intereses.	Deudores por ventas (A+) a Intereses ganados (RP+) S/ nta. déb. C dupl Nº 03	50	 50	Inter. Perdidos(RN+) a Proveedores (P+) S/ nta déb C orig. Nº 03	50	 50

- ➜ Deudores aumenta porque ellos deben más.
- ➜ Ventas aumenta porque el valor de las mismas se incrementa o se aplica un interés.
- ➜ Proveedores aumenta porque se les debe más y aumenta el valor de la mercadería o el interés.

Cuando el deudor cancele su deuda deberá abonar $ 1.350.-

Nótese que:

- ➜ Siempre intervienen cuentas que corresponden a una cuenta corriente comercial, como Deudores o Proveedores, ya que sólo resulta lógico comunicar el incremento o disminución de un importe que se adeuda. En la práctica, pueden darse casos de notas de débito y crédito para operaciones que se pagan de otro modo, pero es poco frecuente.
- ➜ Todas las cuentas aparecen con signo **+**, ya que las notas de débito comunican el ***aumento*** de una deuda

NOTA DE CRÉDITO						
Operación (entre monotributistas)	Registración que realiza el emisor (vendedor)			Registración que realiza el receptor (comprador)		
Compra-venta de mercaderías en c/c comercial por $ 2.000 s/ Fac. Nº 095 CMV: $ 850	Deudores por ventas(A+) a Ventas (RP+) S/ fact C dupl Nº 095 CMV (RN+) a Mercaderías (A-)	2000 850	 2000 850	Mercaderías (A+) a Proveedores (P+) S/ fact C orig Nº 095	2000	2000
Se emite una nota de crédito C Nº 04 por $ 300 por error en la facturación anterior	Ventas (RP-) a Deudores por ventas (A-) S/ nta créd C dupl Nº 04	300	300	Proveedores (P-) a Mercaderías (A-) S/ nta créd C orig Nº 04	300	300
Se emite una nota de crédito C Nº 05 por $ 500 porque el cliente devuelve parte de la mercadería que ha comprado. (CMV: $ 212,5)	Ventas (RP-) a Deudores por ventas (A -) Mercaderías (A+) a CMV (RN-) S/ nta créd. C dupl Nº 05	500 212,50	 500 212,50	Proveedores (P-) a Mercaderías (A-) S/ nta créd C orig Nº 05	500	500

→ Ventas disminuye porque se reduce su valor.
→ Proveedores disminuye porque se les debe menos.
→ Deudores disminuye porque deben menos.
→ Mercaderías disminuye porque se reduce su valor.

Si el deudor quisiera pagar toda su deuda deberá abonar $ 1.200.-

Nótese que:

→ Siempre intervienen cuentas que corresponden a una cuenta corriente comercial, por la razón ya expresada.

→ Todas las cuentas aparecen con signo – ya que la nota de crédito comunica la ***disminución*** de una deuda. La única excepción es la cuenta Mercaderías, en el caso de devolución de una venta, porque refleja el reingreso de las mismas a depósito.

3.5.4 Libro Mayor

El libro Mayor contiene todas las cuentas que se utilizan en la registración. Su uso no es exigido por ley pero las empresas lo adoptan en virtud de la información que brinda: muestra claramente los movimientos y saldos de las cuentas. Se dice que es un libro de *segunda entrada* porque las operaciones llegan desde otro libro, generalmente el Diario.

El proceso de pase desde el Diario al Mayor consiste en:

1°) Ubicación en el Diario de la cuenta a mayorizar.

2°) Apertura de la cuenta en el Mayor.

3°) En el Mayor, se debita el importe debitado en el Diario y se acredita el importe. acreditado en el Diario.

4°) Se transcribe la fecha.

5°) Se completa la columna de detalle o concepto.

6°) Tanto en el Diario como en el Mayor, puede haber una pequeña columna que indica en qué página del Mayor está mayorizada la cuenta, y en qué página del Diario está la cuenta mayorizada, respectivamente.

El libro Mayor puede diseñarse de varios modos, entre otros, el tradicional y el moderno o en fichas.

Para ver su funcionamiento, primeramente y como ejemplo, se mayorizan los asientos ya registrados en el Diario de una empresa, con un modelo "borrador" de uso común, también llamado en "T" que facilita su comprensión:

Fecha		Cuentas	DEBE		HABER	
		1				
Mayo	2	Caja (A+) (1)	7.000	00		
		Mercaderías (A+) (2)	13.000	00		
		Banco c/c (A+) (4)	10.000	00		
		(5) a Capital (PN+)			30.000	00
		por el inicio de actividades				
		2				
Mayo	12	Mercaderías (A+) (2)	1.000	00		
		a Proveedores (P+) (3)			1.000	00
		por compra s/fact C N° 68				
		3				
Mayo	26	Caja (A+) (1)	800	00		
		(6) a Comisiones cobradas (RP+)			800	00
		S/ recibo C N° 1				
		4				
Mayo	28	Gastos generales (RN+) (7)	200	00		
		a Banco C/C (A-) (4)			200	00
		s/factura C N° 220				
		5				
Mayo	31	Proveedores (P-) (3)	500	00		
		a Caja (A-) (1)			500	00
		s/recibo X N° 44				

(1) CAJA

DEBE	HABER
7.000	500
800	

SD = 7.300

(2) MERCADERÍAS

DEBE	HABER
13.000	500
1.000	

SD = 14.000

(3) PROVEEDORES

DEBE	HABER
500	1.000

SA = 500

(4) BANCO C/C

DEBE	HABER
10.000	200

SD= 9.800

(5) CAPITAL

DEBE	HABER
	30.000

SA= 30.000

(6) COM. COBRADAS

DEBE	HABER
	800

SA= 800

(7) GASTOS GRALES.

DEBE	HABER
200	

SD= 200

En los asientos de inicio de actividades aparece la cuenta Capital aumentando, ya que el mismo se forma con los aportes de los socios o del propietario; en este caso, consisten en dinero en efvo., mercaderías y una c/c bancaria.

Como ya se ha visto, los saldos surgen por diferencia entre el Debe y el Haber y muestran el valor de lo que queda en cada cuenta luego de los movimientos registrados: Si Debe > Haber: el saldo es deudor. Si Debe < Haber: el saldo es acreedor. Si Debe = Haber: la cuenta está saldada.

Importante:
en coincidencia con la columna donde se registran sus aumentos, las cuentas de

Activo Resul. Negativo	Pasivo Pat. Neto Resul. Positivo
↓	↓
tienen Saldo Deudor (SD)	tienen Saldo Acreedor (SA)

3.5.4.1 *Modelo Tradicional*

Su estructura básica en forma de **T** es igual al "borrador". Al abrir el libro, toda la página izquierda corresponde al DEBE y toda la derecha al HABER; en el centro se escribe la cuenta involucrada.

Además, contiene otros datos, porque debe cumplimentar ciertas formalidades propias de los libros contables que contribuyen a una información exacta y detallada.

Como si se estuviera usando un *zoom*, acercando los detalles, se expone el contenido de este modelo en las cuentas Caja y Proveedores, tomadas como ejemplo:

CAJA

DEBE | **HABER**

Fecha	Concepto	Parciales	Totales	Fecha	Concepto	Parciales	Totales
May 2	Capital	7.000,00	7.000,00	May 31	Proveedores	500,00	
May 26	Comisiones cobradas	800,00	7.800,00				

SD = 7.300

Aclaración: En "concepto" se escribe la cuenta que originó el movimiento de la caja. Si fuera más de una se consigna la palabra "varios" para saber cuál fue el motivo del crédito o débito.

PROVEEDORES

DEBE				HABER			
Fecha	Concepto	Parciales	Totales	Fecha	Concepto	Parciales	Totales
May 31	Caja	500,00	500,00	May 12	Mercaderías	1.000,00	1.000,00

SA = 500

3.5.4.2 *Modelo moderno o en fichas*

El Mayor tradicional presentaba el problema de que si los movimientos eran muy numerosos, el espacio no alcanzaba porque, al dar vuelta la hoja, otra cuenta estaba ocupando las páginas siguientes. El modelo moderno, al dar la posibilidad de trabajar con fichas -que pueden agregarse sin dificultad alguna-, solucionó tal inconveniente.

Por otra parte, y a diferencia del anterior, este Mayor prevé columnas correspondientes al DEBE y al HABER en una misma ficha y el saldo se visualiza en todo momento.

CAJA

Fecha	Concepto	Debe	Haber	Saldo	
				Deudor	Acreedor
May 2	Capital	7.000		7.000	
May 26	Comisiones Cobradas	800		7.800	
May 31	Proveedores		500	7.300	

Al saldo deudor se le suman los importes colocados en el Debe y se le restan los importes colocados en el Haber para obtener el nuevo saldo.

PROVEEDORES

Fecha	Concepto	Debe	Haber	Saldo	
				Deudor	Acreedor
May 12	Mercaderías		1.000		1.000
May 31	Caja	500			500

Aclaración: Al saldo acreedor se le suman los importes colocados en el Haber y se le restan los importes colocados en el Debe para obtener el nuevo saldo.

3.5.4.3 *Submayores*

Así como los subdiarios son libros complementarios del Diario General, existen también *submayores*, formados por cuentas más específicas o analíticas, que ofrecen informes discriminados con respecto a una cuenta principal a la cual pertenecen y que se denomina cuenta de control. De este modo, desglosan la cuenta principal, mayorizada en el Mayor General, facilitan su localización y su pase.

Por ejemplo:

CUENTA DE CONTROL	CUENTAS ANALÍTICAS
PROVEEDORES	Proveedor Suárez Proveedor Villalba SA. Proveedor Saldívar Proveedor SIXA SRL Proveedor El Molino SA.

La suma de los saldos de las cuentas individuales debe coincidir con el saldo de la cuenta de control de la cual dependen.

3.5.5 Diario - Mayor tabulado

Es otra opción con la que cuenta la tarea de registro; consiste en la unificación del rayado del Diario y del rayado del Mayor para abreviar el proceso contable.
Ejemplo:

Fecha	N°	Concepto	Caja		Banco C/C		Mercaderías		Proveedores		Gastos Grales.		Otras Cuentas		
			Debe	Haber	Debe	Haber	Debe	Haber	Debe	Haber	Debe	Haber	Cuenta	Debe	Haber
2/5	1	Caja	7.000												
		Mercaderías					13.000								
		Banco C/C			10.000										
		Capital											Capital		30.000
		Inicio de Act.													
12/5	2	Mercaderías					1.000								
		Proveedores								1.000					
		s/fact C N° 68													
26/5	3	Caja	800												
		Com cobrad											Com. Cob.		800
		s/recibo N° 1													
28/5	4	Gastos Grales.									200				
		Banco C/C				200									
		s/fact N° 220													
31/5	5	Proveedores							500						
		Caja		500											
		S/recibo N° 44													
		TOTALES	7.800	500	10.000	200	14.000	---	500	1.000	200	----			

Obsérvese que se registran las operaciones con las cuentas correspondientes (lectura horizontal), y sus importes se ubican de modo que sea fácil y rápida la obtención de los saldos (lectura vertical). Es decir, se hace un registro simultáneo, equivalente a pases al Diario y al Mayor.

Vocabulario

Imputación: asignación de un importe a una cuenta, ya sea debitándolo o acreditándolo.

3.5.6. Balance de Comprobación de Sumas y Saldos

De acuerdo a lo explicado, en el Diario se vuelcan las operaciones mediante asientos y posteriormente los movimientos de débitos y créditos se pasan al Mayor, que refleja los saldos de las cuentas. Pero es el Balance de comprobación de Sumas y Saldos el que permite verificar si se ha debitado y acreditado correctamente, aunque no detecta las imputaciones erróneas.

Cuentas	SUMAS		SALDOS	
	DEBE	HABER	DEUDOR	ACREEDOR
Caja	7.800	500	7.300	
Mercaderías	14.000	-------	14.000	
Banco C/C	10.000	200	9.800	
Capital	-------	30.000		30.000
Proveedores	500	1.000		500
Comis. Cobr.	-------	800		800
Gastos Grales	200	------	200	
TOTALES	**32.500**	**32.500**	**31.300**	**31.300**

Los totales de las sumas deben coincidir entre sí, al igual que los totales de los saldos deudores y acreedores. Esto es señal de que el pase de libros y el cálculo de los saldos se han hecho correctamente.

En estas columnas se colocan las **sumas** de las columnas Debe y Haber del Mayor de cada cuenta.

En estas columnas, como su nombre, lo indica, se transcriben los **saldos** de las cuentas, obtenidos en su respectivo Mayor.

Pati Sátira/12, 4 de Mayo de 2003

La Googleconomía
Por Alfredo Zaiat

La historia fue contada en innumerables ocasiones. Dos jóvenes universitarios se conocieron en la primavera de 1995 en Stanford, en una de las más prestigiosas casas de altos estudios de los Estados Unidos. Sergey Brin, de origen ruso y brillante matemático, y Larry Page, también reconocido por su talento en el ámbito académico, empezaron a trabajar juntos. Prepararon como tema de tesis la clasificación de los resultados obtenidos cuando se consulta un motor de búsqueda en Internet. Su investigación los condujo a crear un programa de clasificación de las páginas que recibió primero el nombre de BackRub y luego el de PageRank. Este motor de búsqueda fue puesto a disposición de estudiantes y profesores de Stanford en 1997, con una aceptación notable. La habitación de Page en Stanford empezó a quedar cubierta por computadoras, entonces alquilaron un departamento de una amiga de la novia de Brin. Intentaron vender sin éxito su tecnología al entonces motor de búsqueda más popular, Altavista. Como no encontraban socios salieron a conseguir fondos hasta obtener 25 millones de dólares. Dinero que les sirvió para desarrollarse y comprar computadoras: en 1999 tenían 300 y hoy no revelan la cantidad pero poseen cientos de miles. El gran salto fue en el 2000, cuando American On Line (AOL), uno de los primeros proveedores de servicios de Internet, eligió a Google como su motor de búsqueda. El recorrido desde entonces fue explosivo, hasta la salida a cotizar en la bolsa de Nueva York. En el libro de Bernard Girard El modelo Google. Una revolución administrativa se destaca la explicación de Page y Brin sobre cuál es la misión que ellos se propusieron: "Organizar a escala mundial la información con el fin de hacerla accesible y útil para todos". ¿Una empresa con ese objetivo cuánto vale? El ranking Brandz, que mide a las 100 empresas más importantes del mundo, calculó que Google alcanzó en 2006 un valor intangible de 66.343 millones de dólares, siendo así la marca más cara del mundo, superando a compañías como General Electric, Ford y Coca-Cola.
La oferta multimillonaria de 44.600 millones de dólares realizada por Microsoft para comprar Yahoo!, que fue rechazada por insuficiente, reclamando los dueños de ese otro megabuscador de Internet la suma extraordinaria de 57.000 millones de dólares, resulta incomprensible para la convención tradicional. Históricamente, el método de valuación de una compañía era el del patrimonio neto. El valor se medía principalmente por sus activos físicos y por su nivel de venta. El economista británico Robert Grant publicó un trabajo que mostraba que las empresas tenían más activos que los que se reflejaban en sus estados contables y financieros, lo que permitió avanzar en la clasificación de los activos tangibles e intangibles. En los últimos veinte años cambió la importancia que el mercado le asigna al activo físico, como la maquinaria, mercaderías, cajas, cuentas a cobrar y lo que se computa como patrimonio. Y empezó a valorar más los activos intangibles, como la marca, la tecnología, las cadenas de distribución, el management. Aunque parezca increíble o como parte de lo complejo que es la actual etapa del desarrollo del capitalismo, algunas investigaciones concluyeron que en 1978 el 70 por ciento del valor de una empresa estaba determinado por sus activos tangibles (maquinarias, propiedades, muebles) y el 30 por ciento por lo intangible. Hoy, esa proporción se ha invertido. Esto lo destaca Carlos Olivieri, uno de los ejecutivos argentinos (Repsol y profesor universitario) con mayor experiencia en ese tema, en su libro Cuánto vale una empresa, para agregar que "cuando se analiza una compañía, el balance ya perdió la preponderancia que tenía tiempo atrás". Por eso mismo, cuando se estima el valor de las empresas y se lo compara con el de sus activos físicos, en general, el primero es muy superior al de libros, o sea, el que surge del balance. Este proceso puede ser parte de una burbuja especulativa, una alteración de la teoría del valor que aún no tiene una explicación convincente o una nueva etapa del desarrollo del capitalismo. Después de la Primera Guerra Mundial, Ford creó la gran empresa moderna, con sus controles financieros, la producción masiva y la estandarización, entre otros factores, organización que luego se denominó fordismo. En los años sesenta, el sector de distribución expandió aceleradamente la sociedad de consumo. En los ochenta, Toyota revolucionó el modelo de empresa industrial con su esquema de producción luego conocido como toyotismo. En estos momentos, en un proceso de transición que para muchos puede parecer muy claro y para otros tantos se trata aún de un misterio, la modernización de los servicios financieros, las telecomunicaciones y el crecimiento explosivo de Internet van modificando los esquemas de organización empresarial, así como también el valor de las compañías. Algunos la denominan Economía de la Inteligencia, otros la Economía del Conocimiento o la Economía de la Sociedad de la Información, o simplemente la Nueva Economía. Lo cierto es que Google o Yahoo!, como tantas otras compañías que crecen con Internet, están configurando otro estadio del desarrollo de la economía global.
[.....]

Actividades

Actividad Nº 1

Indicar las variaciones patrimoniales que se producen en cada caso y destacar el nombre de cada una de las cuentas que intervienen

1) Compro mercaderías y quedo debiendo en cta. cte. comercial
2) Compro un inmueble en efectivo
3) Se paga en efectivo una deuda por mercaderías
4) Se cobra en efectivo un documento
5) Deposito dinero en efectivo en una cta.cte. del Banco Francés
6) Vendo un automóvil y me quedan debiendo en cta. cte. comercial
7) Cobro con cheque del Banco Río un pagaré de terceros
8) Compro mercaderías y firmo un pagaré a 60 días

Actividad Nº 2

A partir de los siguientes datos:

Dinero en efectivo..$ 2.000.-
Deposito en Bco. Río Cta.Cte ....$ 8.000.-
Artículos para la venta.................................$ 9.000.-
Deudas por mercaderías ....$ 600.-

Obtener:

Patrimonio..
Patrimonio neto..
Activo...
Pasivo...

Actividad Nº 3

Indicar si las siguientes afirmaciones son Verdaderas o Falsas y fundamentar.

a) El activo es todo lo que la empresa debe
b) El patrimonio neto es la diferencia entre el activo y el capital
c) El activo son todos los bienes propios y lo que me deben
d) El capital es lo que me deben
e) El activo más el pasivo es el patrimonio neto
f) El pasivo son mis deudas frente a terceros

Actividad Nº 4

Completar los espacios en blanco con el importe correspondiente

a) Activo: $ 7.300.-	Pasivo: $ 2.800	Patrimonio Neto: $.............
b) Activo $.....................	Pasivo: $ 4.000.-	Patrimonio Neto: $ 2.900.- .
c) Activo $ 24.900.-	Pasivo: $	Patrimonio Neto: $ 6.000.- .
d) Activo: $15.100.-	Pasivo: $ 2.400.-	Patrimonio Neto: $.............
e) Activo: $.....................	Pasivo: $ 8.400.-	Patrimonio Neto: $ 9.200

Actividad Nº 5

A partir de la ecuación estática que se presenta inicialmente, completar la ecuación fundamental de acuerdo a las variaciones patrimoniales e indicar de que tipo de variación se trata.

Variación Patrimonial	A = P + PN	Tipo de variación patrimonial
1. Se inicia la actividad con $ 5.000 en efectivo y $ 6.000, depositados en una cta.cte. bancaria	11.000 = 0 + 11.000	
2. Se compran mercaderías en cta.cte. comercial a 30 días por $ 4.000		
3. Se pagan impuestos por $ 180 en efectivo		
4. Se compran muebles y útiles entregando un pagaré por $ 400		
5. Se salda en efectivo la cta.cte. comercial de la operación Nº 2 y el pagaré de la operación Nº 4		
6. Se deposita $ 300 en una cta.cte. bancaria		
7. Se cobran alquileres por $ 350 en efectivo		
8. Se compran muebles y útiles por $ 100, abonando el 50% con cheque y 50% con pagaré		
9. Se compran mercaderías por $ 100 en efectivo obteniendo un descuento del 10%		
10. Se compran mercaderías por $ 200 en cta.cte. comercial que incluye un interés de $ 15		

Actividad Nº 6

A) OPERACIONES EN EFECTIVO

Registrar en el Diario las siguientes operaciones entre monotributistas, indicando en la leyenda la documentación respaldatoria. Tener en cuenta que la empresa se dedica a la compra-venta de muebles.

1) 1/7. Inicio de actividades con $ 40.000 en efectivo, un local valuado en $ 90.000, muebles de oficina para el desempeño del negocio por $ 3.000 y equipos informáticos por $ 10.000.
2) 2/7. Compra de 4 escritorios para vender; el precio de c/u es $ 600 que se pagan en efectivo.
3) 6/7. Compra de una moto para uso de la empresa por $ 5.380,60 en efectivo.
4) 10/7. Compra de artículos de limpieza por $ 234,75 en efectivo.
5) 12/7. Pago de seguros por $ 1.355,50 en efectivo.
6) 22/7. Cobro de alquileres vencidos por $ 890 en efectivo.
7) 28/7. Cobro de comisiones por $ 1.760 en efectivo.
8) 29/7. Depósito de $ 4.000 en efectivo en una cuenta corriente bancaria.

B) OPERACIONES EN CUENTA CORRIENTE COMERCIAL

Jornalizar las siguientes operaciones entre monotributistas, indicando en la leyenda la documentación respaldatoria. Tener en cuenta que se trata de un supermercado.

1) 1/8. Inicio de actividades con $ 17.000 en efectivo, $ 5.000 en una cuenta corriente bancaria, estanterías por $ 10.700 y changuitos por un valor total de $ 4.642,50.
2) 2/8. Compra de artículos para la venta por $ 2.000 en cuenta corriente comercial a 30 días.
3) 6/8. Compra de una camioneta para repartos a $ 28.000 que se deben a 90 días.
4) 7/8. Compra de artículos de librería para uso administrativo por $ 350 que se deben en cuenta corriente comercial a 60 días.
5) 2/9. Se salda la deuda de la operación Nº 2 en efectivo.
6) 7/10. Se cancela la deuda de la operación Nº 4 en efectivo.
7) 6/11. Se cancela la deuda de la operación Nº 3 en efectivo.

C) OPERACIONES CON PAGARÉ

Registrar en el Diario las siguientes operaciones entre monotributistas indicando en la leyenda la documentación respaldatoria. Se trata de una ferretería.

1) 1/7. Se inician actividades con $ 3.000 en instalaciones, $ 6.000 en mercaderías, escritorios , sillones y mostradores por $ 11.000, efectivo por $ 1.000.-
2) 3/7. Se adquieren 30 cajas de tornillos a $ 30 c/u, y herramientas varias por un total de $ 846,15, entregando un documento a 30 días.
3) 5/7. Entregamos un documento a 60 días por $ 2.200 en pago del alquiler del local.
4) 7/7. Adolfo Iraola nos entrega un documento a 30 días por $ 1.950 que nos debía por comisiones que nos hemos ganado.
5) 10/. Compramos un camión para la entrega de mercaderías por $ 50.038,42 entregando un pagaré a 90 días.
6) 3/8. Vence el pagaré de la operación Nº 2 y lo saldamos en efectivo.
7) 5/9. Vence el pagaré entregado en la operación Nº 3 y es saldado en efectivo.
8) 10/10. Vence el pagaré recibido en la operación Nº 5 y se salda en efectivo.

D) OPERACIONES CON CHEQUE

Registrar las siguientes operaciones entre monotributistas, en el libro Diario, e indicar, en la leyenda, la documentación respaldatoria. La empresa se llama "AYLEC" y se dedica a la compraventa de libros.

1) 1/8. Se inician actividades con $ 2.000 en efectivo, 180 libros de enseñanza media valuados en $ 50 c/u, 100 libros de nivel universitario de $ 100 c/u , 80 libros de lectura de $ 35 c/u y 30 diccionarios de $ 20 c/u.
2) 2/8. Se depositan $ 20.000 en una cuenta corriente bancaria.
3) 5/8. Se pagan seguros por un total de $ 4.500 con cheque.
4) 6/8. Se pagan alquileres por $ 900 con cheque cruzado.
5) 9/8. Se compran libros de Matemática por $ 1.050 con un cheque diferido.
6) 10/8. Se cobran alquileres por $ 1.500 recibiendo un cheque cruzado.
7) 16/8. Se cobran intereses por $ 532,84 con cheque.
8) 23/8 Se cobran comisiones por $ 1.000 con un cheque diferido.

E) OPERACIONES DE VENTA DE MERCADERIAS
Registrar las siguientes operaciones entre monotributistas en el libro Diario e indicar, en la leyenda, cuál es la documentación respaldatoria. Se trata también de la empresa AYLEC.

1) 2/9. Se venden 20 libros de enseñanza media a $ 70 c/u que se cobran en efectivo.
2) 6/9. Se venden 10 textos universitarios a $ 130 c/u recibiendo el total en cheque.
3) 12/9. Se venden 10 libros de lectura a $ 50 c/u recibiendo un pagaré.
4) 20/9. Se venden 6 diccionarios y 4 libros de enseñanza media a $ 22 c/u y $ 65 c/u respectivamente.
5) 25/9. Se vende el resto de los libros de educación universitaria a $ 135 c/u que nos deben en cuenta corriente comercial.

F) ASIENTOS COMPUESTOS:
Registrar las siguientes operaciones (entre monotributistas)

1) 1/9. Se adquieren mercaderías por $ 400 pagando 50% con cheque y el resto se debe en cta.cte. comercial.
2) 1/10. Se salda la deuda de la operación Nº 1 pagando mitad con cheque y mitad en efectivo.
3) 2/10. Se compra un automóvil por $ 32.000 abonando un tercio con cheque, un tercio con pagaré y el resto en efectivo.
4) 15/10. Se venden las mercaderías compradas en la operación Nº 1 en $ 800 que se cobran: 25% en efectivo, 25% con un cheque diferido, 25% con pagaré y el resto lo deben en cta. cte. comercial.
5) 19/10. Se cobran alquileres por $ 2. 640: 10% en efectivo y el resto con un cheque cruzado.

Actividad Nº 7

Confeccionar el Libro Diario
1. F/O Nº 38 por $ 2.000 por mercaderías que se abonan con un cheque Banco Pcia. Descuento 10%.
2. F/O Nº 005 por $ 8.500 por mercaderías en cuenta corriente comercial. Bonificación del 15% por cantidad.
3. F/D Nº 101 por $ 11.800 por mercaderías. Se recibe un documento a 45 días. Bonificación por liquidación 5% CMV: $ 3.000.
4. F/D Nº 102 por $ 14.000 por mercaderías que se cobran en efectivo con un descuento del 12%. CMV $ 4.600.

Actividad Nº 8

Confeccionar el Libro Diario, Mayor, Balance de Sumas y Saldos
La empresa Sialsuper SA. presenta al 31.12.X8 la siguiente información:

Activo		Patrimonio neto	
Caja	$ 10.000	Capital	$ 63.500
Banco x cta. cte.	$ 43.000		
Deudores por ventas	$ 8.000		
Documentos a Cobrar	$ 2.500		

1. Se deposita en el Banco x el 50% del efectivo al 31/6.
2. Original de factura Nº 021 por mercaderías en cta.cte. comercial $ 12.000.
3. Duplicado de factura Nº 350 por $ 5.200, con un pagaré a 20 días CMV $ 3.800

4. Original de recibo en concepto de alquileres del mes de julio con cheque de nuestra cta. cte. Nº 1223 $ 800.
5. Duplicado de factura Nº 351 en efectivo $ 3.000 con un descuento del 5%. CMV $ 1.600.
6. Boleta de depósito en el banco x del efectivo de la operación anterior.
7. Original de factura Nº 1030 $1.900 se entrega un pagaré a 40 días .
8. Duplicado de factura Nº 352 por mercaderías $ 2.000 en cta.cte comercial CMV $ 1.150.
9. Se abonan viáticos $ 450 con cheque del Banco x Nº 1224.
10. Duplicado de recibo por pago de la factura Nº 021 con cheque banco x Nº 1225
11. Original de factura Nº 033 por compra de sillas de escritorio $ 850 en cta.cte. comercial.
12. Se cobra en efectivo según recibo Nº 21 el saldo adeudado por el cliente de la factura Nº 352.

13 Se cobra en efectivo el documento recibido en la operación de la factura Nº 350.

Actividad Nº 9

Confeccionar el Libro Diario, Mayor, Balance de Sumas y Saldos

1. 1. Se inicia un negocio de ropa con el siguiente capital: 25 pantalones a $ 50 c/u, 10 remera a $ 18 c/u. 8 buzos a $ 70 c/u, dinero en efectivo $ 7.500, cheques de terceros $ 550, y una deuda por mercaderías $ 380.
2. O/F nº 225 por 4 buzos a $ 70 c/u. Forma de pago el 50% en efectivo y el resto en cta.cte. comercial. Bonificación por promoción especial: 10%.
3. N/D (O) Nº 62 en concepto de fletes por envió de las mercaderías compradas s/factura Nº 225.
4. N/C bancaria en el Banco Nación por el cheque de terceros y $ 5.000 en efectivo.
5. D/F nº 001 por 6 buzos a $ 120 c/u y 5 remeras a $ 29 c/u. Forma de pago: el 60 % con cheque de terceros del Banco Ciudad con un descuento del 2% y el resto en cta.cte comercial. Registrar el CMV.
6. N/C (O) nº 18 por devolución de un buzo según factura Nº 225
7. D/F Nº 002 por 12 pantalones a $130 c/u. Forma de pago con un documento a 10 días. Registrar el CMV.
8. O/Recibo Nº 82 por los alquileres del mes $ 300 con cheque de nuestra cta.cte.
9. D/Recibo Nº 33 por el pago del 70 % de la deuda de la operación N°1 con cheque del Banco Nación.
10. D/F Nº 003 por el resto de las remeras $ 32 cada una en cta.cte. comercial a 30 días. Registrar el CMV.
11. N/C (D) Nº 27 por en la factura Nº 003. El precio es $ 29 por unidad.
12. N/D (D) Nº 16 por intereses omitidos en el pagaré de la operación Nº 7.

EL IMPUESTO AL VALOR AGREGADO Y SU REGISTRACIÓN CONTABLE

4.1 Principales conceptos

IVA: es el Impuesto al Valor Agregado, impuesto nacional que recae sobre el consumo. Se recauda en cada una de las etapas de la cadena de producción, distribución y comercialización de bienes.

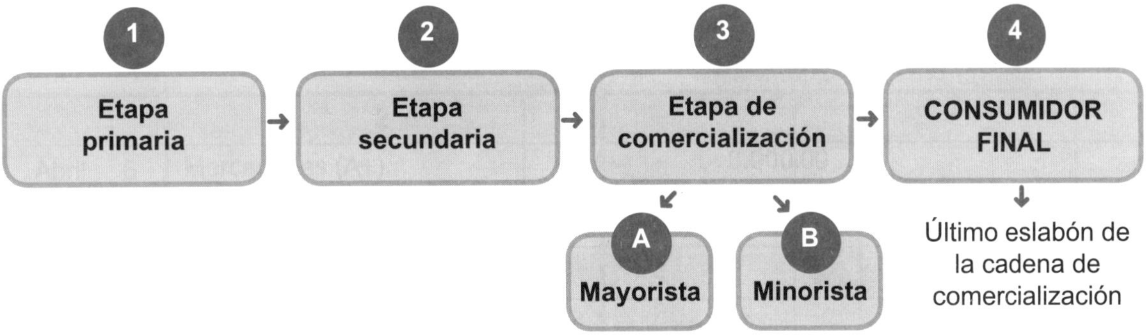

1- Corresponde al precio de extracción u obtención de materias primas.

2- En esta etapa se produce la transformación y/o elaboración de la materia prima.

3- En la comercialización están incluidas diferentes actividades entre las que encontramos el estudio de mercado (se investigan las necesidades del público y el ambiente apto para colocar el producto a vender), la publicidad y la promoción de ventas. Estas últimas se llevan a cabo a través de:

   a. **mayoristas**: ventas al por mayor o en grandes cantidades.

   b. **minoristas**: ventas al por menor; al consumidor final.

En cada una de estas etapas existen RESPONSABLES del impuesto, pero esto no les ocasiona un gasto porque lo trasladan a la etapa siguiente. Por este motivo el IVA es considerado un impuesto indirecto (gravan el consumo y son trasladables).

Wolf Toul, para *Sátira/12.*

Vocabulario

Autárquica: la AFIP es una entidad autárquica, es decir que es autosuficiente, que no depende de los recursos del Estado para su funcionamiento.

Organizacional: relativo a la organización. Se entiende por organización al proceso de construcción de una estructura, donde se relacionan los individuos, los elementos físicos, los cargos y los recursos llevando a cabo una actividad con un objetivo en común.

Recursos: elementos disponibles para llevar adelante una empresa.

Administrativo: relativo a la administración. Se refiere a dirigir, ordenar, organizar y establecer lineamientos para concretar una operación.

Financiero: relativo a las finanzas, es decir, a la inversión, mantenimiento y movimiento del dinero público.

Política tributaria: es establecida por el Estado a través de la AFIP, para crear, desarrollar y recaudar impuestos que posibilitan hacer frente al gasto público.

Política aduanera: es establecida por el Estado a través de la DGA; tiene como fin controlar las entradas y salidas del país, de personas y/o cosas, por las que percibe las tarifas correspondientes.

Recaudación: cobro de los impuestos.

Percepción: este caso es sinónimo de recaudación.

Fiscalización: control.

DGA: Dirección General de Aduanas.

4.2 ¿Qué es la AFIP?

La AFIP es la Administración Federal de Ingresos Públicos, entidad autárquica tanto en su aspecto organizacional como en el administrativo y financiero. Tiene como función primordial la ejecución de una política tributaria y aduanera. La lleva a cabo a través de la DGI (su función principal es la aplicación, recaudación, percepción y fiscalización de los impuestos nacionales); de la DGA (cuya función es la recaudación de los tributos que gravan las importaciones y exportaciones y el control sobre el tráfico internacional de mercaderías) y, por último, de la DGRSS (se ocupa de la recaudación y fiscalización de los recursos que financian las prestaciones de los seguros sociales, siendo ésta la función más importante de tal dirección).

Como hemos visto, existen distintos responsables frente al pago del IVA, y por lo tanto, también es diferente la documentación comercial que se utiliza en cada caso.

Tenemos, en primer lugar, a los **Responsables Inscriptos (RI)** quienes poseen, por su actividad, ingresos anuales superiores a un monto básico establecido por la AFIP.

También existen algunos bienes y servicios, cuya venta la ley considera **Exentos.** Por ejemplo libros de texto, científicos, agua ordinaria natural, pan común, servicios prestados por la obras sociales, etc.

No responsables son entes que desarrollan una actividad que no cae dentro del ámbito de aplicación del impuesto. Por ejemplo: el Estado nacional, provincial o municipal.

El consumidor final es el público que destina los bienes o servicios obtenidos para su propio consumo y no para la venta posterior.

Monotributistas son los pequeños contribuyentes, o sea las personas que realizan oficios, los comerciantes, las empresas unipersonales y los profesionales. El monotributo es un régimen simplificado (RS) de impuestos. El contribuyente realiza un pago mensual (mono = uno) en el que tributa tres impuestos juntos: el Impuesto a las Ganancias (es el impuesto que deben pagar los contribuyentes y es calculado sobre la base de las Ganancias anuales obtenidas), la jubilación y el IVA.

***Sátira/12*, enero, 2006.**

4.3 Documentación emitida por los responsables frente al IVA

1 **Responsable Inscripto (RI)** → emite **Factura A** cuando le vende a otro *Responsable Inscripto (RI)*

Precio de venta: precio de costo + Ganancia (ver bosquejo a)
El IVA se discrimina

Ejemplo: Costo: $ 180
% de ganancias: 30% = $ 54
Precio de venta: $ 180 + $ 54 = $ 234
IVA = $ 49.14 (234 x 21%)
Precio Final: $ 234 + $ 49.14 = **$ 283.14**

2 **Responsable Inscripto (RI)** → emite **Factura B** cuando le vende a un *monotributista* (Mon) o a un *consumidor final* (CF)

Precio de venta: precio de costo + Ganancia + IVA (Ver bosquejo B)
El IVA está incluido en el precio final

Ejemplo: Costo: $ 180
% de ganancias: 30% = $ 54
Precio de venta: $ 180 + $ 54 = $ 234
IVA = $ 49.14 (234 x 21%) No se discrimina
Precio Final: $ 180 + $ 54 + $ 49.14 = **$ 283.14**

- Si quiero saber el valor del IVA:
  283.14 / 1.21 = 234 → valor del producto sin IVA
  283.14 – 234 = **49.14** → **IVA**

2 **Monotributista (Mon)** → emite **Factura C** cuando le vende a un *RI, Mon o CF*

Precio de venta: precio de costo (que ya incluye IVA) + Ganancias (Ver bosquejo C)

Ejemplo: Costo: $ 283.14
% de ganancias: 30% = 283.14 x 30% = $ 84.48
Precio final: $ 283.14 + $ 84.48 = $ 368.08

Vocabulario

Impuestos: prestación pecuniaria (no se percibe el pago de un impuesto de otra manera que no sea en dinero) obtenida de los particulares, en forma coercitiva (nadie puede negarse a pagarlo) y sin contraprestación (es lo que los diferencia de los servicios porque no se recibe nada a cambio) para la cobertura de las cargas públicas (es decir, para satisfacer las necesidades de la sociedad).

Gravar: recaer sobre.

Importación: compras de productos al exterior.

Exportación: ventas de productos al exterior.

DGRSS: Dirección General de Recursos de la Seguridad Social.

Prestaciones: servicios exigibles por ley.

Seguros sociales: la seguridad social es entendida y aceptada como un derecho que le asiste a toda persona de acceder por lo menos a una protección básica para satisfacer necesidades y resolver conflictos que se puedan presentar a los trabajadores en el ámbito laboral.

BOSQUEJO A

Datos del emisor: RI	A	FACTURA	
Datos del comprador: RI			
Subtotal		IVA 21%	TOTAL
$ 234		$ 49.14	$ 283,14

BOSQUEJO B

Datos del emisor: RI	B	FACTURA
Datos del comprador: Mon o CF		
		TOTAL
		$ 283,14

BOSQUEJO C

Datos del emisor: Mon	C	FACTURA
Datos del comprador: RI, Mon o CF		
		TOTAL
		$ 368.08

4.4 Alícuota, base imponible, hecho imponible

1- **Hecho imponible**: es el motivo que origina la aplicación del IVA. Ejemplo: venta de bienes.

2- **La Alícuota**: es el porcentaje que se calcula sobre la base imponible. La alícuota general del impuesto es del 21%

3- **Base imponible**: es el importe sobre el cual se aplica el porcentaje. En el caso del IVA, es el precio de la venta menos descuentos y similares, más intereses o gastos de compra si se hallan incluidas dentro de la factura o la prestación de servicios sobre la que se aplica la alícuota.

4.5 Crédito y débito fiscal

En las compras de bienes y/o prestación de servicios, el IVA facturado se denomina Crédito Fiscal y la cuenta contable que se utiliza para el registro se llama:

→ **IVA Crédito Fiscal**. Es una cuenta patrimonial del Activo; representa el IVA que se paga al proveedor y que a su vez éste paga a la AFIP a fin de cada mes al establecer la posición fiscal del IVA. Se debita en la compra y se acredita al establecer dicha posición fiscal, mensual del impuesto.

En las ventas de bienes y/o prestación de servicios, el IVA facturado se denomina Débito Fiscal y la cuenta contable que se utiliza para el registro se llama:

→ **IVA Débito Fiscal**. Es una cuenta patrimonial del Pasivo; representa el IVA que se cobra al cliente y que a su vez se paga a la AFIP a fin de cada mes al establecer la posición fiscal del IVA. Se acredita en la venta y se debita al establecer dicha posición fiscal, mensual del impuesto.

También se la utiliza cuando se le enviaron notas de crédito al cliente por ventas gravadas.

4.6 Registración contable

Debe tenerse en cuenta :

→ Valor de compra + Intereses – Descuentos = "X"
y "X" x 21%(IVA que sumado a X) = Precio final de la compra.

→ Valor de venta + Intereses – descuentos = "M"
y "M" x 21 % (IVA que sumado a X) = Precio final de la venta.

Rudy y Pati, Sátira/12, enero 2006

Para recordar

Todo *original* de:

Factura → es para el comprador y representa que efectuó una compra.

Recibo → es para el que paga y representa que canceló una deuda o un servicio.

Nota de débito → es para el comprador y representa un aumento de la deuda.

Nota de crédito → es para el comprador y representa una disminución de la deuda.

Todo *duplicado* de:

Factura → es para el vendedor y representa una venta.

Recibo → es para el que cobra y representa que le abonaron un crédito o un servicio.

Nota de débito → es para el vendedor y representa que los clientes aumentaron su deuda por diferentes conceptos.

Nota de Crédito → es para el vendedor y representa que los clientes le deben menos.

4.6.1 Compra - venta de mercaderías entre RI

Ejemplo

1) Factura Original A (FOA) por 100 unidades del producto LX a $5.50 c/u en cuenta corriente. Se paga el importe del IVA en efectivo.

Mercaderías (A+)	550,00	
IVA Crédito Fiscal (A+)	115,50	
a Caja (A-)		115,50
a Proveedores (P+)		550,00

Papeles de trabajo

Mercaderías: 100 x 5.5 = $ 550

IVA: $ 550 x 21% = $ 115,5

Proveedores: $ 550

Caja: $ 115,50

2) Factura duplicado A (FDA) por 70 unidades del producto LX a $11,30 c/u en efectivo. CMV

Caja (A+)	957,11	
a Ventas (RP+)		791,00
a IVA Débito Fiscal (P+)		166,11
CMV (RN+)	385,00	
a Mercaderías (A-)		385,00

Ventas: 70 x 11,30 = 791

IVA: 791 x 21% = 166,11

Caja: 791 + 166,11 = 957,11

CMV: 70 x 5,50 = 385

4.6.2 Ventas de mercaderías de RI a monotributistas/consumidor final y no responsable

3) Factura duplicado B (FDB) al Sr. López por 25 unidades a $14 c/u con cheque de terceros del Banco Nación. CMV: $157,5

Valores a depositar(A+)	350,00	
a Ventas (RP+)		289,26
a IVA Débito Fiscal (P+)		60,74
CMV (RN+)	157,50	
a Mercaderías (A-)		157,50

Ventas: 25x14: 350 / 1,21 = 289,26
IVA: 350 – 289,26 = 60,74
Valores: 350
CMV: 25 x 6,30 = 157,50

¿Por qué se divide por 1,21?
La factura B no discrimina IVA pero es necesario segregarlo del precio. Así podrá verse claramente, qué parte del importe corresponde al precio y qué parte corresponde al debito fiscal.

Partiendo de la ecuación con factura B por un total de $ 121 se plantea entonces la siguiente ecuación:

$$121 = x + (x.21/100)$$

$ 121 = al importe sin IVA + 21% de ese número (nº desconocido)

Se saca factor común x:

$$121 = x\,(1+21/100)$$

Se resuelve el paréntesis:

$$121 = x \left(\frac{100+21}{100}\right)$$

$$121 = x \left(\frac{121}{100}\right)$$

$$121 = x.1,21$$

$$\frac{121}{1,21} = x$$

100 = x precio sin IVA

4.6.3 Compra de mercaderías de RI a monotributistas y no responsables

4- Factura Original C (FOC) por 200 unidades del producto ML a $ 6.30 c/u con cheque del Banco Nación.

Mercaderías (A+)	1.260,00	
a Banco Nación C/C (A-)		1.260,00

Mercaderías : 200 x 6.30 = 1260

4.6.4 Liquidación mensual del IVA

Ejemplo de liquidación mensual del IVA de las operaciones 1-2-3-4.

IVA Crédito Fiscal

Debe	Haber
115,50	115,50

SD: 0

IVA Débito Fiscal

Debe	Haber
226,85	166,11
	60,74

SA: 0

Ambas cuentas deberán ser canceladas.

1	Debe	Haber
Débito Fiscal (P-)	226,85	
a Crédito Fiscal (A-)		115,50
a IVA a Pagar (P+)		111,35

Aclaraciones

- IVA Crédito Fiscal es el importe que la AFIP "debe" a la empresa, en este ejemplo $111,35 por sus compras
- IVA Débito Fiscal es lo que la empresa debe a la AFIP por las ventas en este caso $226,85.
- La Diferencia entre el crédito y débito fiscal es de $111,35, que es lo que realmente se debe pagar a la AFIP.
- En este ejemplo se realiza el pago correspondiente a la liquidación del IVA con cheque de nuestra cuenta corriente bancaria, a la entidad correspondiente.

2	Debe	Haber
IVA a Pagar (P-)	111,35	
a Banco C/C (A-)		111,35

4.7 Operaciones con bonificaciones, descuentos e intereses

Como ya se ha visto, al referirnos a bonificaciones y descuentos, cabe destacar que ambos conceptos son similares pero no idénticos. Ambos aluden a una "rebaja". La diferencia radica en que:

➜ **Descuento**, es una rebaja en el precio que se registra contablemente.

➜ **Bonificación**, es también una rebaja en el precio, pero no se registra contablemente.

Ejemplo A

1) FOA por mercaderías a $ 1000 con una bonificación del 1%, en efectivo.

   1000 x 1 % = 10

   1000-10 = **990** ➜ (valor de las mercaderías)

Ejemplo B

2) FDA por mercaderías a $ 1000 con una bonificación del 2% con cheque del Banco Provincia.

   1000 x 2% = 20

   1000 – 20 = **980** ➜ (valor de las mercaderías vendidas)

Ejemplo C

3) FOA por mercaderías a $ 1000 con cheque del Banco Nación con un descuento del 3%

   1000 x 3% (porcentaje) = 30 (descuento obtenido)

   1000 - 30 = **970** ➜ (valor de las mercaderías compradas)

Ejemplo D

4) FDA por mercaderías a $ 1000 en efectivo con un descuento del 2%

   1000 x 2% (porcentaje)= 20 (descuento cedido)

   1000 - 20 = **980** ➜ (valor de las mercaderías vendidas)

→ **Intereses**, se trata de un recargo que se aplica sobre los precios por otorgar plazos para el pago.

Para realizar el cálculo de los intereses, se utiliza la siguiente ecuación matemática:

$$I = \frac{C \times R \times T}{100 \times ut}$$

sabiendo que:

I = interés (es que se tiene que pagar o cobrar de mas, según el caso, por una compra o venta a crédito)

C = capital (valor sobre el cual se calcula el interés)

R = razón (o porcentaje que se paga o cobra y que se aplica sobre el capital)

T = tiempo (que se demorará en pagar o cobrar ese interés)

UT = unidad de tiempo (que varia según los casos.Ejemplo:si el capital fuera de $ 1000 y el porcentaje de interés fuera del 24% anual a 30 días (T), la unidad de tiempo es 360 días, que son los que se considera que tiene un año.

Otro ejemplo:

C = $ 1000; R = 18% semestral;

T= 60 días.

La unidad de tiempo es 180 días

(porque la pregunta que se debe hacer para su obtención es ¿cuántos días tiene un semestre?)

5) FOA por mercaderías por $1000 a 45 días con un interés del 12% trimestral.

$$I = \frac{C \times R \times T}{100 \times ut}$$ y reemplazando: $$I = \frac{1000 \times 12 \times 45}{100 \times 90} = 60$$

Ejemplo F

6) FDA por mercaderías a $1000 a 60 días con un interés del 5% mensual.

$$I = \frac{C \times R \times T}{100 \times ut}$$ $$I = \frac{1000 \times 5 \times 60}{100 \times 30} = 100$$

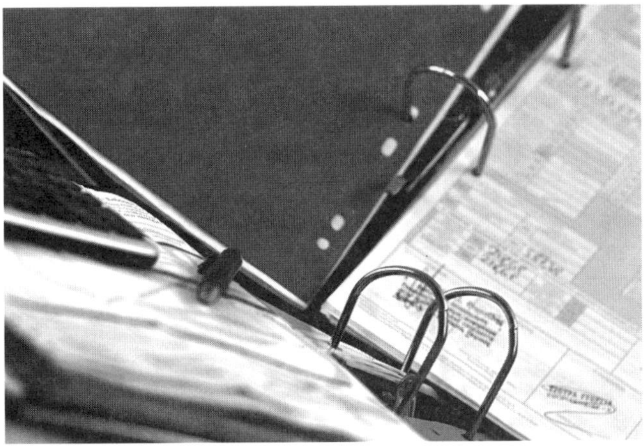

Asientos aplicando los ejemplos desarrollados anteriormente:

Ejemplo A

Mercaderías (A+)	990,00	
IVA Crédito Fiscal (A+)	207,90	
a Caja (A-)		1.197,90

Papeles de trabajo
Mercaderías: 990
IVA: 990 x 21% = 207,90
Caja: 990 + 207,90 = 1197,90

Ejemplo B

Valores a depositar (A+)	1.185,80	
a Ventas (RP+)		980,00
a IVA Débito Fiscal (F+)		205,80

Ventas: 1000 - 20 = 980 x 21% = 205,80 (IVA débito fiscal)
Valores: 980 + 205,80 = 1185,80

Ejemplo C

Mercaderías (A+)	1.000,00	
IVA Crédito Fiscal (A+)	203,70	
a Banco Nación C/C (A-)		1.173,70
a Descuentos obtenidos (RP+)		30,00

Papeles de trabajo
Mercaderías: 1000
Descuentos: 30
IVA: 1000 – 30 = 970 x 21% = 203,70
Banco: 1000 – 30 + 203,70 = 1173,70

Ejemplo D

Caja (A+)	1.185,80	
Descuentos Cedidos (RN+)	20,00	
a Ventas (RP+)		1.000,00
a IVA D.E. (P+)		205,80

Papeles de trabajo
Caja: 1000 - 20 + 205,80 = 1185,80
Descuentos: 20
Ventas:1000
IVA: 1000 - 20 = 980 x 21% = 205,80

Ejemplo E

Mercaderías (A+)	1.000,00	
IVA Crédito Fiscal (A+)	222,60	
Intereses Cedidos (RN+)	60,00	
a Proveedores (P+)		1282,60

Papeles de trabajo
Mercaderías: 1000
Intereses: 60
IVA: 1000 + 60 = 1060 x 21% = 222,60
Proveedores: 1000 + 60 + 222,60 =1282,60

Ejemplo F:

Deudores por Ventas (A+)	1.100,00	
Caja (A+)	231,00	
a Ventas (RP+)		1.000,00
a IVA Débito Fiscal (P+)		231,00
a Intereses Ganados (RP+)		100,00

Papeles de trabajo
Deudores: 1000 +100 = 1100
Caja: 231
Ventas: 1000
IVA: 1000 +100=1100 x 21% = 231
Intereses: 100

Aclaración: La cuenta Intereses Ganados (utilizada en este primer nivel) será reemplazada oportunamente por la cuenta Intereses a Devengar (que corresponde aplicar en el ciclo posterior).

4.8 Operaciones con nota de débito y nota de crédito

Las notas de débito incrementan el valor de una operación ya realizada. A dicho incremento también debe aplicarse el IVA.

Las notas de crédito reducen el valor de una operación ya realizada. A esa disminución debe quitársele el IVA.

Ejemplos

Fletes Perdidos (RN+)	200,00		Proveedores (P-)	363,00	
IVA Crédito Fiscal (A+)	42,00		a IVA Crédito Fiscal (A-)		63,00
a Proveedores(P+)		242,00	a Mercaderías (A-)		300,00
s/ nota de débito orig A Nº 03 por fletes			s/ nota de crédito orig. A Nº 05		

4.9 Traslado del IVA a través de las distintas etapas de comercialización

1º Operación: un fabricante de ropa (RI) vende mercaderías a un comerciante monotributista según factura duplicado B por $ 3.200. Forma de pago: en efectivo.

2º Operación: el comerciante monotributista vende en efectivo a un consumidor final, toda la mercadería comprada. Su margen de beneficios es del 40%.

1º Operación (libros del fabricante RI)

Caja (A+)	960,00	
Deudores por Vtas (A+)	2.240,00	
a IVA DF (P+)		555,40
a Ventas (RP+)		2,644,60
S/fact duplicado B		

Papeles de trabajo
Ventas: 3.200 / 1.21 = 2.644,6
IVA: 3.200 - 2.644,63 = 555,4
Caja: 3.200 x 30% = 960
Deudores por ventas:
3.200 x 70% = 2.240

IVA: 555,40

(libros del comerciante monot.)

Mercaderías (A+)	3.200,00	
a Caja (A -)		960,00
a Proveedores (P+)		2,240,00
S/fact original B		

Papeles de trabajo
Ventas: 3.200 x 40% = 1.280 y
3.200 +1.280 = 4480
Caja: 4480

IVA: 555,40 + 2.644,60

2º Operación (libros del comerciante monot.)

Caja (A+)	4.480,00	
a Ventas (RP+)		4.480,00
S/fact Duplicado C		

2.644,6 (precio sin IVA) + 555,4 (IVA) = 3.200
(precio de costo para el comerciante monotributista) + 1280 (margen de beneficios) = 4.480 (precio que paga el consumidor final).

Él es el único que abona los 555,4 de IVA sin poder trasladarlo, ya que es el último eslabón en la cadena de comercialización.

4.10 Ejercicio explicativo de subdiarios IVA compras e IVA ventas

La empresa MANU RI, n-CUIT 30-1386493-4, realiza las siguientes operaciones:

5/3 O/F N° 025 Proveedor Justo Luis , RI, por 300 camisas a $ 30 c/u y 200 pantalones a $ 60 c/u a RI; forma de pago en efectivo con un descuento del 5% n-CUIT 20-30600938-4.

12/3 D/F N° 001 Martínez Mario, RI por 200 camisas a $ 80 c/u y 50 pantalones a $120 c/u; forma de pago, el 50% con cheque de Banco Río y el resto en cta.cte. Comercial. Determinar el CMV n-CUIT 20-30557222-5.

18/3 D/F N° 015 a consumidor final por 3 pantalones a $ 30 c/u IVA incluido en efectivo. Determinar el CMV.

20/3 D/F N° 002 a López Ricardo, RI por 10 pantalones a $ 60 c/u; forma de pago con un documento a 60 días que incluye un interés del 3% anual. Determinar el CMV n-CUIT 20-30965832-4.

30/3 Determinar la posición del IVA.

LIBRO IVA COMPRAS

FECHA y n° factura	EMISOR PROVEEDOR	N° CUIT	CONDICIÓN FRENTE AL IVA	IMPORTE FACTURADO	IMPORTE GRAVADO	IVA CRÉDITO
5-3/f.025	Justo Luis	20-30600938/4	RI	$ 21.000	$ 19.950	$ 4189.50

LIBRO IVA VENTAS

FECHA y n° factura	EMISOR PROVEEDOR	N° CUIT	CONDICION FRENTE AL IVA	IMPORTE FACTURADO	IMPORTE GRAVADO	IVA CRÉDITO
12-3/f.001	Martínez, Mario	20-30557222/5	RI	$ 22.000	$ 22.000	$ 4620
18-3/f.015			Consumidor final	$ 90	$ 74.38	$ 15,62
20-3/F.002	López, Ricardo	20-30965832/4	RI	$ 600	$ 603	$ 126,63

Asiento resumen de liquidación del IVA

IVA Débito fiscal (P-)	4762,25	
a IVA a Pagar (P+)		572,75
a IVA Crédito Fiscal (A-)		4.189,50

LOS TRIBUTOS DEL CAMPO

Una máquina de pagar impuestos

La agroindustria es la actividad económica con mayor presión impositiva; las retenciones aportarán más de US$ 7000 millones

De cada 10 pesos que entran en las arcas del Estado por impuestos, 4,4 los aporta la agroindustria. La presión impositiva sobre el sector que abarca la producción primaria de granos y carnes, y la industrialización de esos bienes, ronda el 32%, 10 puntos porcentuales más que el resto de la economía.

La mayor diferencia está en las retenciones a las exportaciones: el campo -sólo considerando la actividad primaria- aportará este año 7000 millones de dólares en concepto de derechos de exportación. Según algunos especialistas, la presión fiscal directa e indirecta llega hasta el 60% en algunos productos.

A pesar de estos números, los altos precios de las *commodities* agrícolas y las necesidades del fisco -en sus variantes federal, provincial y municipal- hacen que los entes recaudadores vuelvan su mirada una y otra vez hacia este sector, un pilar no siempre reconocido del actual modelo económico, que representa el 36% de todos los empleos, el 45% del valor agregado de la producción de bienes y el 56% de las exportaciones.

Con algún asidero, cierto mito señala al campo y a sus más de 200.000 productores entre los sectores con mayor evasión. Sin embargo, desde hace algunos años, el agro es una de las actividades económicas más vigiladas mediante imágenes satelitales, cruces informáticos y otras herramientas. Además, la introducción del sistema de compensaciones (subsidios para mantener estables los precios de los alimentos derivados de los granos) obligó a muchos establecimientos rurales y a agroindustrias a poner al día sus papeles para poder acceder a los beneficios.

Pero esa tarea no fue sencilla, como no lo es entender la estructura impositiva que pesa sobre el campo y su industria derivada. Una auténtica maraña: ganancias (35%); ganancia mínima presunta (1%); IVA (para productores primarios 10,5%); bienes personales (entre el 0,5% y el 1,25%); participación societaria (0,5%); retenciones (hasta el 35%); ingresos brutos (entre el 1% y el 1,5% según la provincia); inmobiliario rural (en Buenos Aires aumentó hasta 150% en 2005); automotor; a los combustibles líquidos; de sellos (1% en la mayoría de los distritos); y tasas de servicios (red vial, Senasa, Oncca, etc) y tasas municipales (como la polémica tasa de abasto).

Una mención especial merece el impuesto a los débitos y créditos bancarios [conocido como impuesto al cheque] que produce una importante distorsión en los costos agropecuarios, dado que sólo una parte se puede tomar a cuenta de otros impuestos. Con respecto al IVA, hay que remarcar la generación de saldos a favor de muy difícil recupero», explicó Claudia Chiaradía, especialista en legislación impositiva rural de la Universidad de Belgrano. En efecto, el IVA para los productos primarios es del 10,5%, pero muchos insumos y servicios tributan el 21%; allí se generan saldos a favor difíciles de aprovechar.

Doble imposición

Además, existen casos de doble imposición. «Por ejemplo, la tierra se encuentra gravada a nivel nacional por el impuesto sobre los bienes personales o el gravamen a las participaciones societarias [según el caso] y ganancia mínima presunta [de corresponder]; a nivel provincial por el impuesto inmobiliario rural, y a nivel municipal, por la tasa de red vial y contribuciones especiales», enumeró Chiaradía.

Para Gabriel Caamaño Gómez, de la consultora Estrateco, en el caso de los derechos de exportación hay una distorsión importante. «Más allá de que muchos productos primarios no terminen exportándose y de que muchos productores destinen el 100% de su producción al mercado interno, las retenciones afectan al precio interno del bien, de forma que, aunque el productor no exporte, termina cobrando un precio interior por su producción», afirmó el consultor.

Entonces, la recaudación fiscal subestima el costo soportado por el productor y una parte de la caída del precio se traslada como subsidio hacia el consumidor o hacia la industria procesadora», coincidió Daniel Lema, especialista de la Universidad Católica Argentina e investigador del INTA.

Los costos se van incrementando para poder cumplir con todas las obligaciones de presentaciones de liquidación de impuestos, declaraciones informativas, tanto para la AFIP como para las diferentes direcciones de rentas», explicó Santiago Sáenz Valiente, del estudio Santiago A. Sáenz Valiente y Asociados.

El pequeño productor es el que menos posibilidades tiene. No tiene asesoramiento técnico; apenas tiene a alguien al que le paga 100 pesos para que le lleve las cuentas. En cambio, un pool de siembra con un fideicomiso que opera en 200.000 hectáreas tiene un sistema pensado para pagar la menor cantidad de impuestos posible, sin evadir pero eludiendo», afirmó Juan Manuel Alvarez Echagüe, asesor jurídico impositivo de la Federación Agraria.

En cuanto a los niveles y las características de la evasión, Juan Miguel Massot, director del Instituto de Investigaciones Económicas de la Universidad del Salvador, opinó: «Cuanto mayor es el grado de industrialización, el tamaño del establecimiento productivo, su exposición al comercio exterior y la cercanía al cordón Rosario-Buenos Aires, menor es el nivel de evasión. Hay sectores muy tradicionales en sus prácticas que son casi «naturalmente» informales. Algunos, sólo por sus prácticas anticuadas; otros, por sus bajísimos niveles de productividad. Pero también hay actividades que lograron encontrar «nuevos nichos» para evadir y eludir impuestos como consecuencia de algunos cambios regulatorios.

Por José Crettaz en *La Nación*, 10 de febrero 2008.

Actividades

Actividad Nº 1

Registrar las siguientes operaciones en hoja de libro Diario, los subdiarios IVA Compras e IVA Ventas y asiento de liquidación de IVA

1.A) 3/1 El Sr. Ramos, Raúl, RI. compra a la Estrella S.C.dedicada a la compra-venta de ropa: 90 remeras a $ 20 c/u, 25 camisas a $30 c/u y 10 pantalones a $ 40 c/u. Forma de pago en cta.cte. comercial.

6/1 El Sr. Ramos Raúl vende a Castillo, Claudia RI, 70 remeras a $ 50 c/u. Forma de pago: cheque Banco Nación.

10/1 El Sr. Ramos Raúl vende a Sol SC RI. 10 remeras a $ 50 c/u y 5 pantalones a $ 80 c/u. Forma de pago con cheque Banco Nación diferido a 30 y 60 días.

15/1 El Sr. Ramos Raúl vende a Julieta Rodríguez consumidor final 2 remeras a $ 60 c/u en efectivo.

20/1 El Sr. Ramos Raúl abonan con cheque Banco Nación la factura de la operación Nº 1.

30/1 El Sr. Ramos deposita el cheque anterior en su cuenta corriente Nº 325/6.

Datos: Ramos, Raúl. RI. Nº cuit 20-1223655-8 - domicilio Av.Cabildo 252 CABA.
Estrella, SC RI Nº cuit 30-4567892-2 - domicilio Ugarte 1254 Munro.
Castillo, Claudia RI Nº cuit 27-12258-4 - domicilio Av.Maipu 3548 Olivos.

1.B) La empresa Noche S.A. RI Nº de CUIT 30-12864221-3 realiza las siguientes operaciones:

4/6 O/F de RI por 40 TV a $600 c/u y 10 DVD a $120 c/u. Forma de pago: 50% efectivo y el resto con pagaré a 30 días que incluye un interés del 2% mensual. CUIT Nº 30-443287-2.

7/6 D/F a consumidor final de 2 TV a $120 cada una. Forma de pago: con cheque Bco. Nación. Determinar el CMV. Nº de CUIT 20-13433210-2.

10/6 D/F a RI de 20 TV a $11000 c/u y 3 videos a $ 230 c/u. forma de pago: en efectivo con un descuento del 10%. Determinar el CMV. Nº de CUIT 30-981003-2.

15/6 O/F a RI 6 videos a $120 c/u. forma de pago en cuenta corriente comercial. Nº CUIT: 30-647320-6.

30/6 determinar la posición del IVA.

Actividad Nº 2

2. A) Efectuar el Libro Diario con la correspondiente ecuación patrimonial y Libro Mayor de RI a RI.

1. Se inicia una actividad comercial con dinero en efectivo $ 6.200, dinero depositado en Banco Provincia cta.cte $ 8.000, artículos para la venta $ 4.500, y un crédito a nuestro favor por mercaderías $ 1.000.
2. D/F Nº 001 $ 3.000, nos abonan $ 2.000 con cheque del banco Nación y por el resto con un documento a 15 días en el cual se incluyen intereses del 2% mensual. CMV $ 1.900.
3. O/F Nº 56 mercaderías $1.000, abonamos el 50% con cheque de nuestra cte.cte. y el resto en cta.cte.comercial.
4. Boleta de depósito del Banco Provincia por el cheque de terceros y dinero en efectivo $ 250.
5. D/F Nº 002 mercaderías $ 6.000, en cta.cte comercial. CMV, $1.300.
6. O/recibo Nº 016 por los alquileres del mes $ 700 con cheque del Banco Provincia.
7. D/recibo Nº 25 en efectivo el documento de la operación N° 2.

2.B) Se inicia una actividad comercial con dinero en efectivo $2.000, dinero depositado en Banco Nación $ 5.000, 1.000 artículos x a $ 3 cada uno, y documentos a nuestro favor $ 500.

1. D/f Nº 02, 450 artículos x a $ 3,5 cada uno. Nos abonan con cheque del Banco Provincia y le hacemos un descuento del 5%. Determinar el CMV.
2. O/R Nº 36 con cheque Banco Nación por los alquileres del mes, $ 300.
3. O/F Nº 123 por 2 ventiladores de techo a $ 150 cada uno firmando un documento en el cual se incluyen intereses de $ 10.
4. D/Recibo Nº 29, en efectivo, el 50% de los documentos a nuestro favor.
5. O/R impuestos $ 80 en efectivo.

2.C) 1. Alegría S.A. RI inicia actividad con el siguiente aporte de los socios en efectivo $ 120.000

2. F/O Nº 026 de Mendoza RI por escritorios, sillas y mesas para oficina por un total de $ 2.500 en cta.cte.
3 .F/O Nº 095 Rosario RI por producto A por 500 unidades a $ 15 cada una en cta.cte
4. N/Crédito O nº 236 Banco Ciudad por $ 5.000 en efectivo.
5. F/O Nº 86 Córdoba RI por 200 unidades del producto B a $ 1 cada una en cta.cte
6. N/C O Nº 237 Banco Ciudad $ 20.000 en efectivo.
7. F/D Nº 56 Bariloche por 20 unidades del producto A a $ 35 cada una con documento a 60 dias.Calcular y registrar el costo.
8. F/D Nº 32 Chaco RI por 50 unidades del producto A a $ 32 cada uno en cta.cte. Calcular y registrar el costo.
9. N/D Nº 11 Banco Ciudad por gastos de apertura $ 12 IVA 21%.
10. N/D/O Rosario Nº 44 por fletes de envió de mercaderías $ 120 en cta.cte.
11. N/C/O Nº 57 Rosario RI por devolución de 10 unidades del producto A en cta.cte.
12. N/C/O Córdoba Nº 006 por diferencia de precio se cobro $ 1 y debió ser $ 0,80 en cta cte.
13. N/D/ Nº 76 por intereses del 5% sobre deuda de Córdoba.
14. F/D Nº 45 a monotributista por 1 unidad del producto B a $ 12 cada una en efectivo.
15. R/O Nº 94 por cancelación deuda Mendoza en efectivo el 50% por el resto se firma una promesa a 30 días.
16. R/O Nº 77 por cancelación de deuda Rosario 80% en efectivo, 20% Banco Ciudad.
17. R/D Nº 11 por cancelación deuda Bariloche 50% Banco Ciudad, 30% efectivo y por el resto se firma una promesa de pago.
18. R/D Nº 6 cancelando deuda Mendoza con cheque Banco Ciudad.
19. R/O Nº 87 Córdoba 20% Banco Ciudad y el resto en efectivo.
20. N/C/O Bco Ciudad por valores recibidos.
21. Nota de Crédito original Banco Nación por el efectivo disponible.
22. Liquidar y registrar el IVA.(En caso de que la liquidación arroje un saldo a pagar, hacerlo con cheque Banco Nación).

INTRODUCCIÓN A LOS ESTADOS CONTABLES

5.1 Conceptos

Son informes que resumen y exponen la información contable que surge de las registraciones previamente perfeccionadas en los libros de contabilidad de acuerdo con los Principios de Contabilidad Generalmente Aceptados (PCGA), durante un ejercicio económico.

Ejercicio económico es el tiempo en que se desarrolla la actividad comercial de un ente y que tiene como duración 1 año (no necesariamente coincidente con el año calendario).

A través de los **Estados Contables** se conoce la situación patrimonial, económica y financiera de una empresa.

→ La **situación patrimonial** refleja como es su Activo, su Pasivo y su Patrimonio Neto. Es decir, muestra sus bienes, créditos a favor, sus deudas y su capital.

→ La **situación económica** indica si tiene pérdidas o ganancias durante su ejercicio económico.

→ La **situación financiera** muestra si puede hacerse cargo de sus obligaciones rápidamente.

Los Estados Contables se despliegan según muestra el siguiente cuadro:

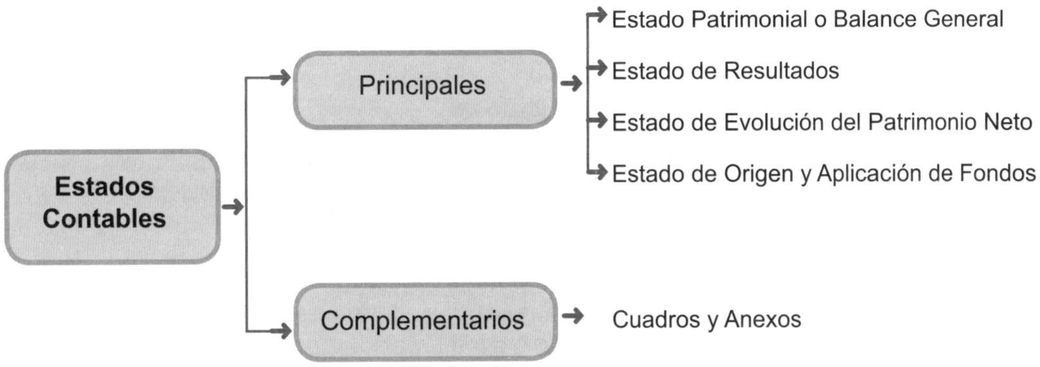

Estado Patrimonial: expresa la situación patrimonial, exponiendo el Activo, el Pasivo y el Patrimonio Neto al cierre de un ejercicio económico.

Estado de Resultados: muestra las pérdidas, ganancias y el resultado final obtenido.

Estado de Evolución del Patrimonio Neto: refleja los cambios producidos en la composición del Patrimonio Neto, como consecuencia de los resultados obtenidos, nuevos aportes o retiros de los socios, etc.

Estado de origen y aplicación de fondos: brinda información sobre la procedencia y destino de los fondos, entendiéndose por **fondos** o **capital corriente** a la diferencia entre Activo Corriente y Pasivo Corriente.

Cuadros y Anexos: contiene información aclaratoria y accesoria sobre las amortizaciones de bienes de uso y bienes inmateriales, inversiones, costo de mercaderías vendidas, etc.

5.2 Operaciones previas al Balance General

Antes de la culminación del ejercicio, con el **Balance General**, deben efectuarse otras operaciones:

a) **Balance de Sumas y Saldos** que, como su nombre lo indica, determinará el saldo final de cada cuenta.

b) **Inventario General**, es el recuento de todos los bienes, derechos a cobrar y obligaciones que tiene una empresa.

c) **Ajustes al balance**, que se efectuarán sobre la base de los resultados obtenidos; si los saldos no coinciden con el inventario deben corregirse las diferencias para que los registros reflejen fielmente la realidad.

Saldos Libro Mayor ≠ Inventario → Se realizan asientos de ajuste

Saldos Libro Mayor = Inventario → No se realizan asientos de ajuste

5.2.1 Ajustes

El proceso de registración contable debe obedecer a una secuencia lógica que permita obtener información clara y confiable.

La claridad de los informes se logra al cumplir con las disposiciones ya descriptas sobre la forma de presentar los Estados Contables.

Pero, para que la información sea confiable debe ser "procesada" cuidadosamente, revisada y controlada.

El proceso contable se ve, sintéticamente, en el siguiente esquema:

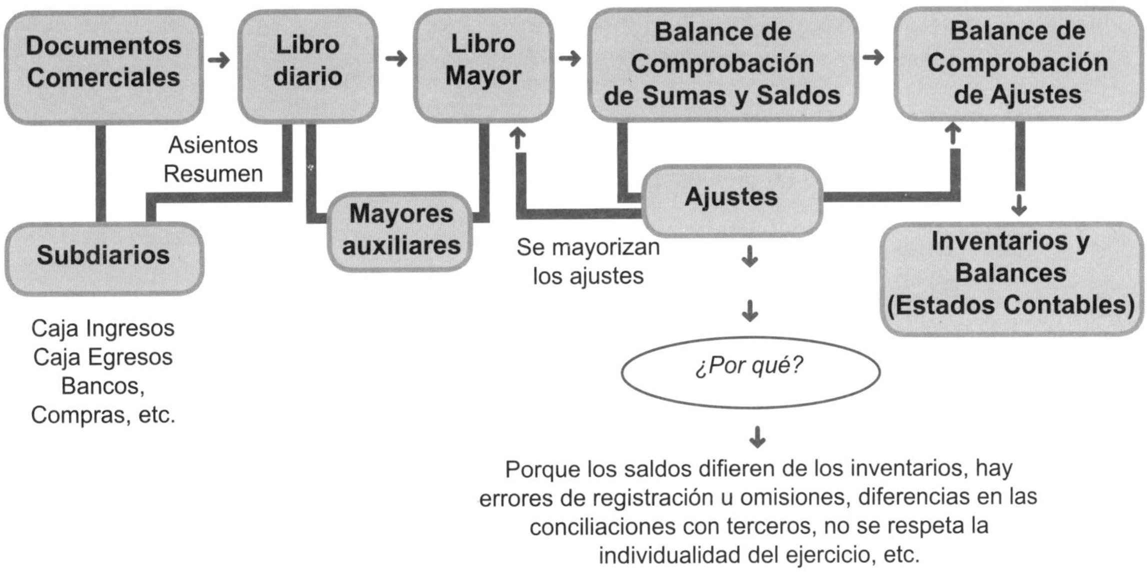

Los ajustes son las correcciones necesarias para obtener una buena información. Se realizan a través de asientos, que por lo general se refieren a:

- Diferencia entre lo que arrojan los inventarios físicos y los saldos del Libro Mayor. Por ejemplo: arqueos y recuentos de caja, faltantes o sobrantes de mercaderías, determinación del costo de mercadería vendida, etc.
- Cambios en los valores de Activos o Pasivos. Por ejemplo: por fluctuación de las cotizaciones de monedas extranjeras o títulos privados o públicos, por amortizaciones, etc.
- Conciliaciones con clientes, proveedores o bancos, es decir, terceros que operan con la empresa. Por ejemplo, el extracto bancario llega con un saldo que difiere del saldo del mayor; algunos deudores se han convertido en morosos o incobrables, etc.
- Ordenamiento de las operaciones para respetar la individualidad de cada ejercicio económico (principio de lo devengado).
- Errores u omisiones en las registraciones.

5.2.1.1 *Arqueo de Caja*

Tiene por objeto llevar el control interno de los movimientos del dinero en efectivo. Es el cotejo de los resultados obtenidos en el recuento y los saldos que muestran los registros contables. El dinero resultante o existente en caja puede ser mayor, menor o igual que el saldo contable.

Ejemplo

Caja $ 5.000 (según el Mayor). Al final del ejercicio económico, de acuerdo al recuento, se pueden presentar las siguientes situaciones:

a) Saldo en caja $ 5.100
b) Saldo en caja $ 4.800
c) Saldo en caja $ 5.000

a) En este caso se registra un sobrante de caja.

	Debe	Haber
Caja (A+)	100,00	
a sobrante de Caja (RP+)		100,00

b) En este caso se registra un faltante de caja.

	Debe	Haber
Faltante de Caja (RN+)	200,00	
a Caja (A-)		200,00

c) Si el saldo real es igual al saldo contable no se hace ninguna operación.
Los saldos contables surgen del Balance de Sumas y Saldos.
Los saldos reales surgen de haber practicado el inventario, en este caso el recuento de dinero.

5.2.1.2 Inventario de mercaderías

Es el recuento físico de las mercaderías (o Bienes de Cambio), al cierre del balance.

A veces no coincide con el Balance, porque algunas sufrieron roturas, se extraviaron o fueron mal contadas.

Ejemplo

Mercaderías $ 3.200 (según el Mayor) Al final del ejercicio económico, de acuerdo al recuento físico de los bienes, se pueden presentar las siguientes situaciones:

a) Saldo en mercaderías $ 3.150
b) Saldo en mercaderías $ 3.330
c) Saldo en mercaderías $ 3.200

a) En este caso la realidad no coincide con el Balance de Sumas y Saldos y para ajustarlo deberá efectuarse el siguiente asiento:

	Debe	Haber
Faltante de Mercadería (RN+)	50,00	
a Mercaderías (A-)		50,00

b) En este caso la realidad indica que el saldo de la cuenta Mercaderías tiene que aumentar:

	Debe	Haber
Mercaderías (A+)	130,00	
a Sobrante de Mercadería (RP+)		130,00

c) Si el saldo real es igual al saldo contable, no se hace ninguna operación.

5.2.1.3 Costo de Mercaderías

Cuando no se lleva inventario permanente, para la registración del costo de las mercaderías vendidas debe aplicarse la siguiente fórmula:

costo de mercaderías vendidas =
existencia inicial + compras – devolución de compras – existencia final

Existencia Inicial (EI): es el valor de las mercaderías existentes al inicio del ejercicio económico.

Compras: son las mercaderías que se adquirieron a lo largo del ejercicio. Algunas empresas debitan la cuenta Mercaderías cada vez que compran, otras utilizan una cuenta de movimiento llamada "Compras". Las cuentas de movimiento o transitorias son aquellas que deben cancelarse al finalizar el ejercicio; su saldo se incorpora a otra cuenta, por ejemplo Mercaderías. Proporcionan información adicional: al registrar Compras en vez de Mercaderías se sabe que aumenta el valor del activo por adquisición de nuevos artículos para la venta y no por activación de gastos, notas de débito, etc.

Devolución de compras: es otra cuenta de movimiento que ajusta a la cuenta Compras y se utiliza para reflejar la anulación total o parcial de una compra. Por ejemplo, por fallas en las mercaderías.

Existencia Final (EF): representa el valor de las mercaderías existentes al finalizar el ejercicio económico.

Ejemplo

1. F/o N° 001 de 8-4 por mercaderías $ 1.000 en efectivo.
2. F/o N° 054 de 2-5 por mercaderías $ 400 con cheque de nuestra firma del Banco Nación.
3. F/d N° 095 del 1-6 por mercaderías $ 800 en efectivo.
4. Registración del Costo de Mercaderías Vendidas (EI: $ 3.000.- EF: $ 4.000.-).

Abril 8	Compras (M)	1.000,00	
	a Caja (A-)		1.000,00
	s/F(o) N° 001		
Mayo 2	Compras(M)	400,00	
	a Banco Nación Cta.Cte (A-)		400,00
	s/F(o) N° 054		
Junio 1	Caja(A+)	800,00	
	a Ventas (R.P+)		800,00
	s/F(d) N° 095		

Al finalizar el ejercicio económico se cancela la cuenta Compras y se registra el CMV de manera global por todas las ventas del año.

De acuerdo con la fórmula: EI + C - EF = CMV

Reemplazando la fórmula: 3.000 + 1.400 - 4.000 = 400

Dic 31	Mercaderías (A+)	400,00	
	a Compras (M)		1.400,00
Dic 31	CMV (RN+)	2.400,00	
	a Mercaderías (A-)		2.400,00

5.2.1.4 Amortizaciones de los Bienes de Uso

Como ya se ha visto, se denomina bienes de uso a todos aquellos que están en poder de la empresa para ser utilizados en el desenvolvimiento de sus actividades. Es decir, están destinados al "uso" y no a la venta, aunque pueden venderse ocasionalmente.

Se agrupan de este modo:

→ **Muebles y útiles**: son aquellos que pueden trasladarse de un lugar a otro sin que cambie su forma. Por ejemplo: escritorios, mesas, sillas, computadoras, fax, etc.

→ **Instalaciones:** son aquellos que están adheridos al edificio o requieren cierto trabajo para ser movilizados. Por ejemplo: equipos de aire acondicionado, estufas a gas, estanterías fijas, carteles luminosos, ventiladores de techo, etc.

→ **Inmuebles**: son aquellos que no pueden trasladarse de un lugar a otro sin cambiar su estructura. Por ejemplo: casas, departamentos, locales, depósitos, etc. Este concepto debe subdividirse en edificios y terrenos.

→ **Maquinarias**: propias de las empresas industriales, porque se fabrica con ellas el producto para vender. Por ejemplo: embotelladora, mezcladora, telares, tornos, etc.

→ **Rodados**: son todos los vehículos al servicio de la empresa. Por ejemplo: camiones, camionetas, motos, etc.

Por el paso del tiempo o el uso, los bienes de uso van perdiendo valor. Esta desvalorización se denomina **amortización o depreciación.**

Las amortizaciones se calculan y se registran todos los años al cierre del ejercicio, hasta reducir el 100% del valor de esos bienes. Llegado ese momento, si el bien subsiste, su valor económico será de $ 1 (valor representativo).

Cálculo de las amortizaciones

Se deberán tener en cuenta distintos conceptos.

- **Valor de origen:** valor al que fue comprado el bien.
- **Vida útil:** tiempo, expresado en años, durante el cual el bien puede resultar de utilidad. Queda a criterio de cada empresa.
- **Amortización Acumulada**: suma de todas las amortizaciones practicadas sobre un bien durante el tiempo en que se registra la depreciación de éste.
- **Valor residual:** Valor de origen menos las amortizaciones acumuladas.

Ejemplo: Adquirido en al año 2003 por $ 10.000 (Valor de origen). Vida útil = 5 años

Depreciación anual

Año 2004	vale	$	8.000	(10.000 - **2.000**)
Año 2005	vale	$	6.000	(8.000 - **2.000**)
Año 2006	vale	$	4.000	(6.000 - **2.000**)
Año 2007	vale	$	2.000	(4.000 - **2.000**)
Año 2008	vale	$	1	(2.000 - **1.999**)

↓ Valores residuales

↓ Amortizaciones = Amortización acumulada

El último año se resta por $ 1 menos que el correspondiente para que el bien se mantenga en el activo con el valor de $ 1 (valor simbólico).

Amortizaciones Anuales

Para el cálculo de las amortizaciones se pueden utilizar las siguientes fórmulas:

a) $\frac{\text{Valor de origen}}{\text{Años de vida útil}}$

b) Valor de origen x porcentaje de Amortizaciones de uso habitual (no obligatorio)

(Se trata de amortizaciones constantes, que son las que se verán en este curso).

Sobre la base del siguiente cuadro se obtendrán las amortizaciones:

BIENES DE USO	VALOR DE ORIGEN	VIDA ÚTIL	% DE AMORTIZACIÓN
Rodados	8.000	5 años	20%
Instalaciones	3.000	10 años	10%
Maquinarias	10.000	20 años	5%
Muebles y Útiles	2.000	10 años	10%
Inmuebles	50.000	50 años	2%

Se deberá tener en cuenta que del total de los Inmuebles se descuenta alrededor de un 20% que corresponde a los Terrenos. Estos no están sujetos a desgaste (depreciación) y por lo tanto sólo se amortiza el edificio.

a) $\dfrac{\text{Valor original Rodados}}{\text{Vida útil}} = \dfrac{8.000}{5} = 1.600$

$\dfrac{\text{Valor original Instalaciones}}{\text{Vida útil}} = \dfrac{3.000}{10} = 300$

$\dfrac{\text{Valor original Maquinarias}}{\text{Vida útil}} = \dfrac{10.000}{20} = 500$

$\dfrac{\text{Valor original de los Muebles y Útiles}}{\text{Vida útil}} = \dfrac{2.000}{10} = 200$

Valor original Inmuebles = 50.000 x 80% = 40.000

$\dfrac{40.000}{50} = 800$

b) Valor original Rodados x porcentaje = 8.000 x 20 % = 1.600
Valor original Instalaciones x porcentaje = 3.000 x 10 % = 300
Valor original Maquinarias x porcentaje = 10.000 x 5 % = 500
Valor original Muebles y Útiles x porcentaje = 2.000 x 10% = 200
Valor original Inmuebles x porcentaje = 40.000 x 2 % = 800

Contablemente se registra:

	Debe	Haber
Amortizaciones Bienes de uso (RN+)	3.400	
a Amortizaciones Acumuladas Rodados (RA+)		1.600
a Amortizaciones Acumuladas Instalaciones (RA+)		300
a Amortizaciones Acumuladas Maquinarias (RA+)		500
a Amortizaciones Acumuladas Muebles y Útiles (RA+)		200
a Amortizaciones Acumuladas Inmuebles (RA+)		800

La cuenta Amortizaciones es una cuenta de Resultado Negativo con saldo deudor. Se debita cuando se amortizan los bienes de uso por el desgaste ocasionado en un año. Se acredita una vez al año, en época de Balance General, para su refundición.

La cuenta Amortizaciones Acumuladas de Bienes de Uso es una cuenta Reguladora del activo con saldo acreedor. Se acredita cuando se amortizan los bienes de uso y se debita cuando se los vende o en el asiento de cierre de cuentas Patrimoniales. Es Reguladora porque regula, ajusta o corrige una cuenta del Activo (Rodados, Instalaciones, etc.).

Aquí se analiza a través de un ejemplo la Cuenta Amortizaciones Acumuladas.

Se compra un rodado por $ 2.000 en efectivo

	Debe	Haber
Rodados (A+)	2.000,00	
a Caja (A-)		2.000,00

Al cierre del ejercicio se amortiza el bien de uso

	Debe	Haber
Amortizaciones Rodados (RN+)	400,00	
a Amortizaciones acumuladas rodados (RA+)		400,00

Valor de compra del rodado 2.000

Amortizaciones Acumuladas del rodado .... - 400

Valor residual.. 1.600

Al segundo año se amortiza nuevamente

	Debe	Haber
Amortizaciones Rodados (RN+)	400,00	
a Amortizaciones acumuladas rodados (RA+)		400,00

Como se observa, los $ 800 de Amortizaciones acumuladas hacen disminuir el valor original del bien. Por eso se ubica en el Balance restando en el rubro Bienes de Uso (Activo).

5.2.1.5 *Devengamientos*

Al hablar de los ajustes quedó clara la necesidad de ordenar las registraciones con el fin de asignar a cada ejercicio las operaciones que le corresponden. Para esto es preciso respetar el principio de lo **devengado**, que expresa:

"*Los efectos patrimoniales de las transacciones y otros hechos deben reconocerse en los períodos en que ocurren, con independencia del momento en el cual se produjeron los ingresos y egresos de fondos relacionados*".

Devengar: es tener la posibilidad de exigir un pago o un cobro. Algo se devenga cuando se hace exigible. Por ejemplo: si alguien trabajó todo el mes de marzo, el 31/3 se devenga su sueldo.

Percibir: significa cobrar. Es un concepto contrario al anterior, ya que considera dentro de un ejercicio solamente las partidas pagadas o cobradas.

Los siguientes son ejemplos de estas dos posturas:

a) La empresa se ha retrasado en el pago de los sueldos del mes de noviembre: aún no han sido abonados.

b) Se cobran hoy alquileres del próximo mes de diciembre.

DEVENGADO			PERCIBIDO		
a) Sueldos perdidos (RN+)	xxx		No registra		
a Sueldos a pagar (P+)		xxx			
b) Caja (A+)	xxxx		Caja (A+)	xxxx	
a Alquileres cobr.por adelant (P+)		xxxx	a Alquileres cobrados (RP+)		xxxx

Entre los Principios de Contabilidad Generalmente Aceptados se encuentra el de lo Devengado, que es el que se utiliza para la registración en los libros contables; permite determinar qué resultados corresponden al ejercicio que concluye, y cuáles no. Algunas de las cuentas que se utilizan para responder a este principio son:

- " Alquileres, comisiones, intereses... *cobrados por adelantado*" → cuenta de Pasivo
- " Alquileres, comisiones, intereses... *pagados por adelantado*" → cuenta de Activo
- " Alquileres, comisiones, intereses... *cobrados*" → cuenta de Resultado Positivo
- "Alquileres, comisiones, intereses... *pagados*" → cuenta de Resultado Negativo
- "Alquileres, comisiones, intereses... *devengados o ganados*" → cuenta de Resultado Positivo
- "Alquileres, comisiones, intereses... *devengados o perdidos*" → cuenta de Resultado Negativo

Cobrado por adelantado

Tomando como cierre del ejercicio económico el 31/12/0X, y suponiendo que una persona cobra el 5/12 alquileres por $ 2.000 correspondientes a enero y febrero del año siguiente ($ 1.000 por mes), ¿qué registración debe hacerse? En diciembre no se puede contabilizar la ganancia porque representa un Pasivo, ya que se debe el uso del bien. A medida que van transcurriendo los meses, se irán devengando a su vencimiento, es decir se irán haciendo exigibles a fines de enero y febrero respectivamente. Entonces, los alquileres van dejando de ser "Cobrados por adelantado", cuenta Patrimonial del Pasivo, para convertirse en "Alquileres cobrados", cuenta de Resultado Positivo.

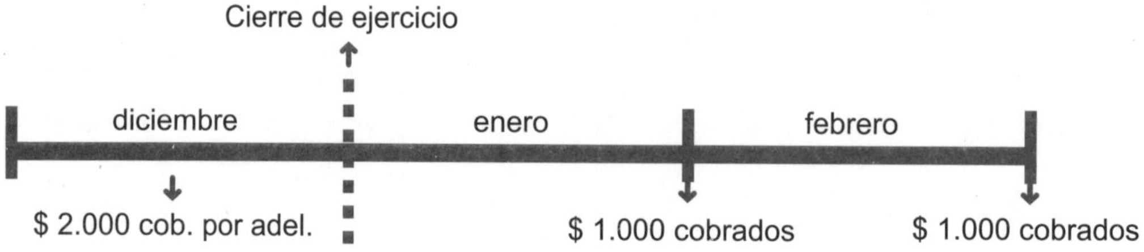

Registración:

Dic 5	Caja (A+)	2.000,00	
	a Alquileres cobrados por adelantado (P+)		2.000,00
Ene 31	Alquileres cobrados por adelantado(P-)	1.000,00	
	a Alquileres cobrados (RP+)		1.000,00
Feb 28	Alquileres cobrados por adelantado (P-)	1.000,00	
	a Alquileres cobrados (RP+)		1.000,00

Aquí cierra el ejercicio: se cumplió con la registración del ingreso de dinero pero no se asentó ganancia alguna. **Así se logra el objetivo buscado: que la ganancia no quede en el ejercicio que NO corresponde**.

Pagado por adelantado

Tomando como cierre del ejercicio económico el 31/12/0X, y suponiendo que una persona paga el 5/12 seguros por $ 3000 correspondientes a enero, febrero y marzo del año siguiente ($ 1000 por mes), ¿qué registración debe hacerse? En diciembre no se puede contabilizar la pérdida porque representa un Activo, ya que nos deben el servicio. A medida que van transcurriendo los meses, se irán devengando a su vencimiento, es decir, se irán haciendo exigibles a fines de enero, febrero y marzo respectivamente. Entonces, los seguros van dejando de ser "Pagados por adelantado", cuenta Patrimonial del Activo, para convertirse en "Seguros pagados", cuenta de Resultado Negativo.

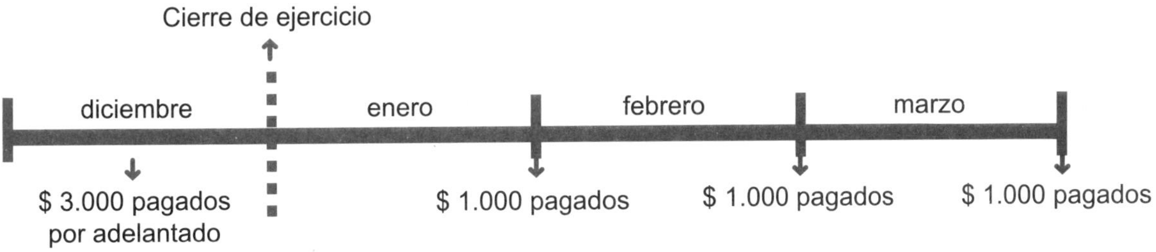

Registración:

Dic 5	Seguros pagados por adelantado (A+)	3.000,00	
	a Caja (A+)		3.000,00
Ene 31	Seguros pagados (RN+)	1.000,00	
	a Seguros pagados por adelantado(A-)		1.000,00
Feb 28	Seguros pagados (RN+)	1.000,00	
	a Seguros pagados por adelantado(A-)		1.000,00
Mar 31	Seguros pagados (RN+)	1.000,00	
	a Seguros pagados por adelantado (A-)		1.000,00

Aquí cierra el ejercicio: se cumplió con la registración del egreso de dinero pero no se asentó pérdida alguna. **Así se logra el objetivo buscado: que la pérdida no quede en el ejercicio que NO corresponde.**

A devengar	...devengado o perdido o ganado	...cobrado o pagado	Cobrado por adelantado o pagado por adelantado
↓	↓	↓	↓
Aún no se hizo exigible (puede haberse cobrado o pagado, o no) En el ejercicio que termina se registra "a devengar", y se devengará cuando corresponda.	Ya es exigible (puede haberse cobrado o pagado, o no) Se devengó dentro del ejercicio que termina, por eso se registra en éste como "devengado".	Ya se cobró o pagó y se devengó. Se registra "cobrado o pagado" dentro del ejercicio económico que termina.	Ya se cobró o pagó pero aún no es exigible, es decir, aún no se devengó; el cobro o pago se efectuó antes de tiempo. En el ejercicio que termina se registra "cobrado por adelantado" o "pagado por adelantado" y en el próximo, al devengamiento, se registrará "cobrado o pagado"

Ejemplo

Si se venden mercaderías y se recibe un documento que incluye intereses que se devengarán al vencimiento...	se usa la cuenta...	"Intereses a devengar"	Reguladora del Activo
Al vencimiento del documento...		"Intereses devengados o ganados"	Ganancia o Resultado Positivo.
Si se cobran al vencimiento...		"Intereses cobrados"	Ganancia o Resultado Positivo.
Si se cobran antes del vencimiento...		"Intereses cobrados por adelantado"	Pasivo

Gastos pendientes de pago, créditos pendientes de cobro

Puede ocurrir que al cierre del ejercicio existan gastos devengados, pero aún no abonados. En este caso, corresponde registrar, por ejemplo:

Refleja la imputación a este ejercicio

↑

Dic 31	Seguros perdidos (o devengados) (RN+)	xxx	
	a Seguros a pagar (P+)		xxx

↓

Refleja la deuda

Si se tratara de créditos devengados, vale decir, imputables al ejercicio que termina, pero aún no cobrados, debería registrarse, por ejemplo:

Refleja el crédito aún no cobrado

↑

Dic 31	Alquileres a cobrar (A+)	xxx	
	a Alquileres ganados (o devengados) (RP+)		xxx

↓

Refleja la imputación a ese ejercicio

5.2.1.6 Errores y omisiones

El momento de los ajustes, es también una instancia eficaz para compensar olvidos y corregir cualquier tipo de errores de distracción, por parte del encargado de la registración. Ante la omisión de un asiento, el mismo puede registrarse en la fecha en que se advierte, pero con la pertinente aclaración: una leyenda que indique el día en que se concretó esa operación.

Las equivocaciones más comunes son:

a) Imputar mal un importe o hacerlo en una cuenta incorrecta

b) Invertir números, omitir o agregar ceros

c) Repetir cuentas

d) Omitir una cuenta, etc.

Aún cuando la contabilidad se lleve por medios electrónicos, una vez emitidos los informes no es posible tachar, borrar o interlinear para subsanar errores, Por tal motivo la propia técnica de registración ofrece formas correctivas.

Ejemplo

a) El 10/6 se compraron mercaderías **en efectivo** por **$ 1.500**, pero se registró

Nov 28	Mercaderías(A+)	1.500,00	
	a Banco Nación c/c (A-)		1.500,00

Formas de corrección:

Dic 31	Banco Nación c/c (A+)	1.500,00	
	a Mercaderías (A-)		1.500,00
	Mercaderías (A+)	1.500,00	
	a Caja (A-)		1.500,00
	Corrección de asiento Nº 74 de fecha 28/11		

Este tipo de corrección se denomina contra-asiento. Para hacerlo, se invierten las cuentas con sus importes de modo que el asiento erróneo se anula.

o

Dic 31	Banco Nación c/c (A+)	1.500,00	
	a Caja (A-)		1.500,00
	Corrección de asiento Nº 74 de fecha 28/11		

b) El 11/9 se cobraron alquileres por **$ 2.560 con un cheque**, pero se registró

Sep 11	Valores a depositar (A+)	2.650,00	
	a Alquileres ganados (RP+)		2.650,00

Formas de corrección:

Dic 31	Alquileres ganados (RP-)	2.**6**50,00	
	a Valores a depositar (A-)		2.**6**50,00
	Valores a depositar (A+)	2.**5**60,00	
	a Alquileres ganados(RP+)		2.**5**60,00
	Corrección de asiento Nº 56 de fecha 11/9		

o

Dic 31	Alquileres ganados (RP-)	90,00	
	a Valores a depositar (A-)		90,00
	Corrección de asiento Nº 56 de fecha 11/9		

c) El 14/10 se pagaron alquileres por $ 2.000 en efectivo, pero se registró

Dic 31	Alquileres pagados (RN+)	2.000,00	
	Alquileres pagados (RN+)	2.000,00	
	a Caja (A-)		4.000,00

Formas de corrección

Dic 31	Caja (A+)	4.000,00	
	a Alquileres pagados (RN-)		2.000,00
	a Alquileres pagados (RN-)		2.000,00
	Alquileres pagados (RN+)	2.000,00	
	a Caja (A-)		2.000,00
	Corrección de asiento Nº 66 de fecha 14/10		

o

Dic 31	Caja(A+)	2.000,00	
	A Alquileres Pagados(RN-)		2.000,00
	Corrección de asiento Nº66 de Fecha 14-10		

d) El 2/12 un cliente nos paga **$ 3.000**, **50% con un cheque común y 50% con un cheque diferido**. Se registró

Dic 2	Valores a depositar (A+)	3.000,00	
	a Deudores por ventas (A-)		3.000,00

Forma de corrección

Dic 31	Deudores por ventas (A+)	3.000,00	
	a Valores a depositar (A-)		3.000,00
	Valores a depositar (A+)	1.500,00	
	Cheque diferido a cobrar (A+)	1.500,00	
	a Deudores (A-)		3.000,00
	Corrección de asiento Nº 95 de fecha 2/12		

o

Dic 31	Cheque diferido a cobrar (A+)	1.500,00	
	a Valores a depositar (A-)		1.500,00
	Corrección de asiento Nº 95 de fecha 2/12		

5.2.1.7 *Depuración de deudores*

A través de los ajustes, es posible categorizar a los deudores según la situación de cada uno de ellos en cuanto al cumplimiento de sus obligaciones. A esto se lo llama **Depuración de deudores**.

Los créditos son derechos que tiene la empresa a cobrar determinadas sumas de dinero.

Las cuentas que integran los créditos, entre otras, son: **Deudores Varios**, **Deudores por Ventas**, **Documentos a Cobrar**, **Deudores Morosos**, **Deudores en Gestión Judicial**.

Todas ellas pertenecen al Activo (saldo deudor) y al rubro Cuentas por Cobrar.

- **Deudores Varios:** son personas que le deben a la empresa por haber comprado en cuenta corriente, diferentes bienes (no mercaderías).

  Ejemplo: El dueño de una librería vende en cuenta corriente su fotocopiadora. Quien la compra se transforma en Deudor.
- **Deudores por Ventas:** son personas que le deben a la empresa por haber comprado mercaderías en cuenta corriente. Quien las compra se transforma en Deudor por Ventas

  Ejemplo: El dueño de una librería vende en cuenta corriente, libros.
- **Deudores Morosos:** son aquellos que tienen demorados sus pagos. Esta cuenta se debita cuando los deudores se atrasan en los pagos y se acredita cuando pagan la deuda o van a juicio.
- **Deudores en Gestión Judicial**: son aquellos a quienes se les ha iniciado juicio. Esta cuenta se debita cuando los deudores entran en litigio y se acredita cuando pagan la deuda o se declaran incobrables. De aquí se puede derivar, entonces, la Cuenta de Resultado Negativo Deudores Incobrables.
- **Deudores Incobrables**: se debita cuando los deudores se declaran incobrables y se acredita una vez al año en el asiento de Refundición de Pérdidas y Ganancias.
- **Documentos a Cobrar**: son pagarés a favor de la empresa, firmados por terceros con motivo de una deuda cualquiera.

Se podrá ver el movimiento de las cuentas nombradas a través de un ejemplo:

1. Se venden mercaderías en cuenta corriente por $ 5.000 a 10 días.
2. Al cabo de 30 días el deudor aún no ha pagado.
3. Pasado más tiempo, el deudor no cumple con lo adeudado, por lo tanto la empresa inicia acciones legales.

1	Debe	Haber
Deudores por Ventas (A+)	5.000,00	
a Ventas (RP+)		5.000,00
2		
Deudores Morosos (A+)	5.000,00	
a Deudores por Ventas (A-)		5.000,00
3		
Deudores en Gestión Judicial (A+)	5.000,00	
a Deudores Morosos (A-)		5.000,00

A partir de esta situación pueden suceder dos cosas:

1. Que el deudor, luego del juicio, abone su deuda.
2. Que el deudor, luego del juicio, se declare en quiebra.

1	Debe	Haber
Caja (A+)	5.000,00	
a Deudores en Gestión Judicial (A-)		5.000,00
2		
Deudores Incobrables (RN+)	5.000,00	
a Deudores en Gestión Judicial (A-)		5.000,00

5.3 Cierre de Libros

5.3.1 Refundición de Cuentas de Resultados

Las cuentas de Resultado Positivo y Negativo se cancelan definitivamente al final del ejercicio, en época de Balance General.

Por lo tanto, las pérdidas que tienen saldo deudor se acreditan y las ganancias que tienen saldo acreedor se debitan, utilizando la cuenta **Resultado del Ejercicio (RE)** para reflejar las pérdidas y /o las ganancias según corresponda.

Ejemplo

1	Debe	Haber
Ventas (RP-)	38.500,00	
Comisiones Cobradas (RP-)	1.000,00	
a Alquileres Pagados (RN-)		2.150,00
a CMV(RN-)		15.000,00
a Intereses Cedidos (RN-)		500,00
a Rdo. Del Ejercicio (RP+)		21.850,00

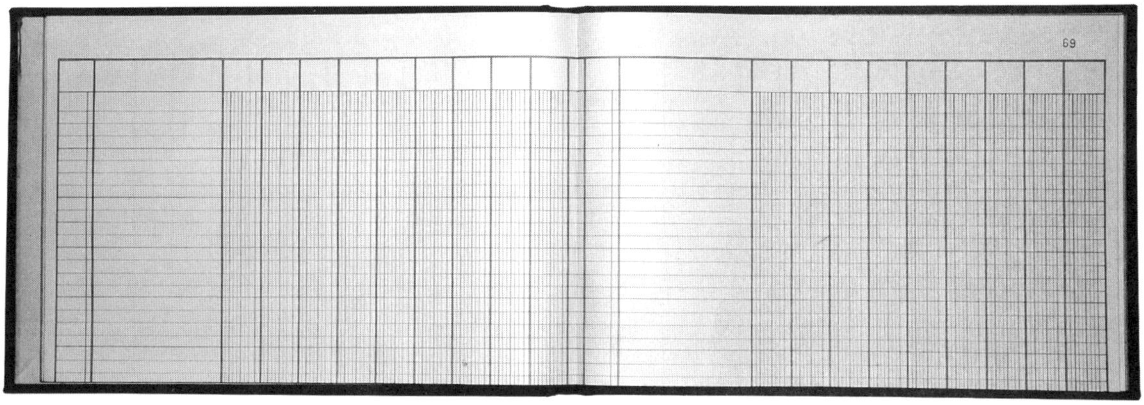

5.3.2 Cierre de Cuentas Patrimoniales

Al finalizar el ejercicio económico, las cuentas patrimoniales se deben cancelar provisoriamente para dar por finalizado ese ciclo.

Las cuentas patrimoniales del Activo que tienen saldo deudor se acreditan y las cuentas patrimoniales del Pasivo que tienen saldo acreedor se debitan.

2	Debe	Haber
Proveedores (P-)	1.000,00	
Capital (P.N-)	64.000,00	
Documentos a Pagar (P-)	90.500,00	
Rdo del Ejercicio (RP-)	21.850,00	
a Caja (A-)		12.850,00
a Mercaderías (A-)		15.000,00
a Rodados (A-)		90.000,00
a Deudores por vtas (A-)		40.000,00
a Valores a depositar(A-)		1.000,00
a Banco Ciudad cta.cte.(A-)		18.500,00

Reapertura de Cuentas Patrimoniales

Al comenzar el ejercicio económico, se reanudan las actividades, por lo tanto se utilizarán las mismas cuentas patrimoniales canceladas anteriormente, pero esta vez con sus saldos correspondientes. (Activo: saldo deudor. Pasivo y Patrimonio Neto: saldo acreedor).

1	Debe	Haber
Caja (A+)	12850,00	
Mercaderías (A+)	15.000,00	
Rodados (A+)	90.000,00	
Deudores por Ventas (A+)	40.000,00	
Valores a depositar (A+)	1.000,00	
Banco Ciudad c/c (A+)	18.500,00	
a Proveedores (P+)		1.000,00
a Capital (PN+)		64.000,00
a Documentos a Pagar (P+)		90.500,00
a Rdo. del Ejercicio (RP+)		21.850,00

Ejercicio Integrador

Balance General al 31/12/07 de la empresa "Soliruli"

	Saldos
Caja	$ 9.700
Banco Nación cta.cte.	$ 3.000
Proveedores	$ 4.850
Mercaderías	$ 21.000
Deudores por Ventas	$ 6.500
Documentos a Pagar	$ 5.790
Alquileres Ganados	$ 1.500
Maquinarias	$ 19.000
Deudores Varios	$ 6.200
IVA Débito fiscal	$ 9.870
Ventas	$ 47.000
CMV	$ 18.450
Rodados	$ 23.000
Valores a Depositar	$ 11.800
Acreedores Varios	$ 6.700
Documentos a Cobrar	$ 9.900
Gastos Generales	$ 1.300
Inmuebles	$ 68.000
Intereses Pagados	$ 2.000
IVA Crédito Fiscal	$ 4.410
Capital	$ 138.550

Ajustes

1) Según el arqueo de Caja en la misma hay $ 10.200.
2) Amortizar los Bienes de Uso.
3) Por error de imputación se incluyó en la cuenta Proveedores $ 500 que corresponden a la cuenta Documentos a Pagar.
4) Los intereses pagados corresponden a los meses de diciembre, enero, febrero y marzo.
5) El inventario de Mercaderías arroja un saldo de $ 19.500.
6) El Banco Nación c/c nos envía nota de débito por gastos por $ 110.
7) Luego de una depuración de los Deudores por Ventas surge que el 30% se atrasa en sus pagos, el 12% va a juicio y el 9% se convierte en incobrable.
8) De los Alquileres Ganados el 20% corresponden al próximo ejercicio.
9) Establecer la posición fiscal mensual del IVA.

Resolución

1	Debe	Haber
Caja (A+)	500	
a Sobrante de Caja (RP+)		500
2		
Amortización Bs.de Uso(RN+)	7.588	
a Amortización acumulada Maquinarias (RA+)		1.900
a Amortización acumulada Rodados (RA+)		4.600
a Amortización acumulada Inmuebles (RA+)		1.088
3		
Proveedores (P-)	500	
a Documentos a Pagar (P+)		500
4		
Intereses pagados por adel (A+)	1.500	
a Intereses pagados (RN-)		1.500
5		
Inventario de Mercaderías (RN+)	1.500	
a Mercaderías (A-)		1.500
6		
Gastos Bancarios (RN+)	110	
a Banco Nación c/c (A-)		110
7		
Deudores Morosos (A+)	1.950	
Deudores en Gestión Judicial (A+)	780	
Deudores Incobrables (RN+)	585	
a Deudores por Ventas (A-)		3.315
8		
Alquileres Ganados (RP-)	1.200	
a Alquileres Cobrados por adelantado (P+)		1.200
9		
IVA Débito Fiscal(P-)	9.870	
a Iva a Pagar (P+)		5.460
a IVA Crédito Fiscal (A-)		4.410

Refundición de Cuentas de Resultado

Alquileres Ganados (RP-)	300	
Ventas (RP-)	47.000	
Sobrante de Caja (RP-)	500	
a CMV(RN-)		18.450
a Gastos Generales (RN-)		1.300
a Intereses Pagados (RN-)		500
a Amortización Bienes de Uso (RN-)		7.588
a Resultado del Ejercicio (RP+)		17.767
Por la refundición de cuentas de resultados		

BALANCE GENERAL

CUENTAS	Saldos		Ajustes		Saldos Ajustados		Cuentas Patrimoniales		Cuentas de Resultado	
	Deudor	Acreedor	Debe	Haber	Deudor	Acreedor	Activo	Pasivo/PN	Pérdidas	Ganancias
Caja	9700		500		10200		10200			
Banco Nación etc.	13000			110	12890		12890			
Proveedores		4850	500			4350		4350		
Mercaderías	21000			1500	19500		19500			
Deudores por Ventas	6500		3315	3185			3185			
Documentos a Pagar		5790		500		6290		6290		
Alquileres Ganados		1500	1200			300				300
Maquinarias	19000				19000		19000			
Deudores Varios	6200				6200		6200			
IVA Débito Fiscal		9870	9870							
Ventas		47000				47000				47000
CMV	18450				18450				18450	
Rodados	23000				23000		23000			
Valores a Depositar	11800				11800		11800			
Acreedores Varios		6700				6700		6700		
Documentos a Cobrar	9900				9900		9900			
Gastos Generales	1300				1300				1300	
Inmuebles	68000				68000		68000			
Intereses Pagados	2000			1500	500				500	
IVA Crédito Fiscal	4410			4410						
Capital		138550				138550		138550		
Sobrante de Caja				500		500				500
Amortización Bienes de Uso			7588		7588				7588	
Amortización Acum. Maquinarias				1900		1900	(1900)			
Amortización Acum. Rodados				4600		4600	(4600)			
Amortización Acum. Inmuebles				1088		1088	(1088)			
Intereses Pagados por Adelan.			1500		1500		(1500)			
Inventario de Mercaderías			1500		1500				1500	
Gastos Bancarios			110		110				110	
Deudores Morosos			1950		1950		1950			
Deudores en Gestión Judicial			780		780		780			
Deudores Incobrables			585		585				585	
Alquileres Cobrados por Adelan.				1200		1200		1200		
IVA a Pagar				5460		5460		5460		
Subtotal	214260	214260	26083	26083	217938	217938	180317	162550	30033	47800
Resultado del Ejercicio								17767	17767	
Total								180317	47800	

Cierre de Cuentas Patrimoniales

Proveedores (P-)	4.350	
Documentos a Pagar (P-)	6.290	
Acreedores Varios (P-)	6.700	
Capital (PN-)	138.550	
Alquileres cobrados por adelantado (P-)	1200	
IVA a Pagar (P-)	5.460	
Resultado del Ejercicio (RP-)	17.767	
Amortización Acumulada Maquinarias (RA-)	1.900	
Amortización Acumulada Rodados (RA-)	4.600	
Amortización Acumulada Inmuebles (RA-)	1.088	
a Caja (A-)		10.200
a Banco Nación c/c (A-)		12.890
a Mercaderías (A-)		19.500
a Deudores por Ventas (A-)		3.185
a Maquinarias (A-)		19.000
a Deudores Varios (A-)		6.200
a Rodados (A-)		23.000
A Valores a depositar (A-)		11.800
a Documentos a Cobrar(A-)		9.900
a Inmuebles(A-)		68.000
a Intereses pag. por adelantado (A-)		1.500
a Deudores Morosos (A-)		1.950
a Deudores en Gestión Judicial (A-)		780

Reapertura de Cuentas

1	Debe	Haber
Caja (A+)	10.200	
Banco Nación c/c (A+)	12.890	
Mercadería s(A+)	19.500	
Deudores por Ventas (A+)	3.185	
Maquinarias (A+)	19.000	
Deudores Varios (A+)	6.200	
Rodados (A+)	23.000	
Valores a Depositar (A+)	11.800	
Documentos a Cobrar (A+)	9.900	
Inmuebles (A+)	68.000	
Intereses Pagados por adelantado (A+)	1.500	
Deudores Morosos (A+)	1.950	
Deudores en Gestión Judicial (A+)	780	
a Proveedores(P+)		4.350
a Documentos a Pagar (P+)		6.290
a Acreedores Varios (P+)		6.700
a Capital (PN+)		138.550
a Alquileres Cobrados por Adelantado (P+)		1.200
a IVA a Pagar (P+)		5.460
a Resultado del Ejercicio (RP+)		17.767
a Amortización Acumulada de Maquinarias (RA+)		1.900
a amortización Acumulada de Rodados (RA+)		4.600
a Amortización Acumulada Inmuebles (RA+)		1.088

Actividades

Actividad Nº 1

La empresa Libra SA. dedicada a la comercialización de insumos gastronómicos, presenta al 31.12.xx los siguientes saldos:

Caja	$	35.000
Banco Nación cta.cte.	$	36.200
Instalaciones	$	3.500
Comisiones cobradas por adelantado...	$	800 (2)
Ventas	$	86.900
Deudores por Ventas	$	25.000
Seguros a Pagar	$	3.200
Muebles y Útiles	$	10.000
Alquileres pagados por adelantado (1) .	$	2.400
Valores a depositar	$	800
Mercaderías (3)	$	26.350
Proveedores	$	17.000
Instalaciones	$	3.500
CMV	$	50.000
Documentos a Cobrar	$	11.000
Seguros Pagados	$	3.600
Capital		¿?

Aclaración
(1) Corresponde a los meses de octubre y noviembre
(2) Corresponde a los meses de diciembre-enero-febrero
(3) Son 3.150 unidades a $ 9 c/u

La empresa realiza las siguientes operaciones en el mes de enero/xx:

1/1 Se declara incobrable el deudor $ 2.500.

4/1 Recibo duplicado por un total de $ 6.400 con cheque Banco Nación en concepto de alquileres por los meses de octubre-noviembre-diciembre-enero.

9/1 Recibo original por $ 800 en cancelación de una deuda con un proveedor; se endosó el cheque en cartera.

15/1 Factura duplicado 1.200 unidades a $12 c/u Recibo duplicado 4.800 en efectivo y por el resto se firma un pagaré a 60 días. Determinar el CMV.

20/1 Se recibe una nota de débito de nuestro proveedor por $ 120 en concepto de intereses.

25/1 Se deposita en nuestra cta.cte. del Banco Nación el efectivo recibido el 15/1.

Se pide:
Libro Diario
Mayores
Hoja de trabajo de 8 columnas, con determinación del resultado del ejercicio al 31/10/xx

Actividad Nº 2
Empresa Acuario SA.
SALDOS AL 30.11.XX

Valores a depositar $ 1.000, Banco Pcia. cta.cte.$ 9.000. Deudores por Ventas $ 10.000, Documentos a Cobrar $ 20.000, Mercaderías $ 10.000, Instalaciones $ 20.000, Amortizaciones Acumuladas de Instalaciones $ 6.000, Proveedores $ 20.000, Alquileres a Pagar $ 500. Determinar cuál es su Capital.

1) 2/12 Vendemos mercaderías por $10.000, nos pagan el 50% en efectivo y el 50% con un pagaré a 60 días. IVA 21%,CMV 5.000.
2) 5/2 El Banco Pcia nos debita gastos de chequeras por $ 50.
3) 7/12 Recibo original por los alquileres por los meses Nov. Dic. y Enero del siguiente año ($ 500 por mes). Los alquileres de noviembre se encontraban impagos al 30/11. Se pagan con cheque Banco Provincia cta.cte.
4) 10/12 Enviamos nota de crédito a nuestro cliente por 1.000, en concepto de bonificación que le efectuamos.
5) 13/12 Se produce la incobrabilidad de un deudor que debía a la empresa $ 1.000.
6) 15/12 Se deposita en Banco Pcia. el 20% de la cobranza de la operación realizada el 2/12.
7) 20/12 Recibimos la factura de luz por $ 1.000, que pagaremos en enero.
8) 30/12 Amortizar las instalaciones.
9) 31/12 Devengar lo que corresponda.

Se pide:
Libro Diario
Libro Mayor
Hoja de trabajo de 8 columnas, con determinación del resultado del ejercicio al 31/12/xx

Actividad Nº 3

Saldos de la empresa Géminis S.A. al 31/12/xx

Banco Nación cta.cte.	.... $ 15.000	Caja	.... $ 8.000
Rodados	.... $ 12.000	Mercaderías(1)	.... $ 9.000
Deudores por Ventas	.... $ 1.000	Doc. a Pagar	.... $ 900
Proveedores	.... $ 2.000	Intereses Pagados	.... $ 600
Comisiones Cobradas x Adel	.... $ 400	Ventas	.... $20.000
Inmuebles	...... $ 17.000	Capital	....¿?
Valores a depositar	...... $ 200	CMV	$ 6.500

(1) Corresponden 3.000 artículos a $ 3 cada uno.

1) Las Comisiones Cobradas por Adelantado corresponden a los meses octubre, noviembre, diciembre y enero.
2) Vendemos mercaderías a R.I (700 art. a $ 8 cada unidad) nos abonan el 40% en efectivo y el resto en cta.cte. comercial. Registrar el CMV (IVA en efectivo).

3) De los intereses pagados, el 60% corresponden a este ejercicio.

4) Compramos 2.000 art. $ 1 por unidad a un R.I en cta.cte. comercial (IVA en efectivo).

5) Abonamos los alquileres de Diciembre-Enero-Febrero-Marzo por $ 600 mensuales con cheque Banco Nación

6) Del total de los Deudores por Ventas $ 60 se transforman en incobrables.

7) Se pagan gastos de los meses de Enero-Febrero y Marzo $ 200 mensuales con cheque Banco Nación.

8) Amortizar los bienes de uso.

9) Efectuar la liquidación del IVA.

Se pide:
Libro Diario
Libro Mayor
Hoja de trabajo de 8 columnas, con determinación de resultado del ejercicio al 30.1.

Actividad Nº 4

La empresa Virgo SA. saldos al 31/9:
Banco Río cta. cte $ 4.000, Deudores Varios $ 10.000, Alquileres cedidos $ 800, Rodados $ 8.000, Descuentos obtenidos $ 500, Mercaderías $ 10.000, Ventas $ 22.000, Obligaciones a Pagar $ 3.500, Muebles y Útiles, $ 10.000, Impuestos Pagados $ 200, Impuestos a Pagar $ 100, Alquileres Pagados por Adelantado $ 300,Compras $ 1.100. Determinar cuál es su Capital.

1) Se omitió registrar un gasto bancario $ 100, por el retiro de una chequera del Banco Río.

2) La existencia final de mercaderías 6.450.

3) Se inicia juicio a un cliente por $ 500, y se declara incobrable otro cliente por $ 200.

4) Amortizar los bienes de uso.

5) Se encuentra impaga la factura recibida de Telecom $ 300.

6) Los alquileres pagados por adelantado corresponden a los meses de septiembre, octubre, noviembre.

Se pide:
Libro Diario
Libro Mayor
Hoja de trabajo de 8 columnas, con determinación del resultado del ejercicio al 31.10

Actividad Nº 5

Empresa Aries SA.

1) Mercaderías $ 45.000; 2) Impuestos $ 569; 3) Caja 23.000; 4) Equipos de Computación $ 3.200; 5) Maquinarias $ 16.000; 6) Deudores por ventas $ 1.600; 7) Ventas $ 100.000; 8) Costo de Mercaderías vendidas 55.000; 9) Documentos a Pagar $ 1.800; 10) Banco Provincia cta.cte. $ 35.000: 11) Determinar cuál era su Capital.

Ajustes 31/3/08:

1) El arqueo de caja arroja un saldo deudor de $ 21.000.

2) Amortizar los bienes de uso (vida útil 10 años).

3) El 80% de los Deudores abona con cheque Banco Nación y el resto está demorado.

4) Los deudores morosos se declaran incobrables.

5) Depositamos en Banco Provincia el cheque recibido en la operación Nº 3.

6) El inventario de mercaderías da $ 44.500.

7) Se omitió la registración de sueldos pendientes de pago por $ 1.000.

8) Pagamos los sueldos pendientes en efectivo.

9) Se omitió la registración de rentas pendientes de cobro por $ 1.520

10) Cobramos las rentas pendientes con cheque Banco Provincia.

Se pide:
a) Hoja de trabajo de 10 columnas.
b) Cierre de cuentas Patrimoniales.
c) Refundición de cuentas de resultado.

BIBLIOGRAFÍA

Anthony, R. N.; *La contabilidad en la Administración de Empresas*, México, Unión Tipográfica Editorial Hispano Americana, 1971.

Arévalo, A.; *Elementos de Contabilidad General*, Buenos Aires, Selección Contable, 1970.

Arriaza, H. M.; Irigoyen, N. B.; *Economía y Contabilidad*, Buenos Aires, Kapelusz, 1990.

Baumol, W. J.; *Introducción a la dinámica económica*, Barcelona, Marcombo, 1964.

Bertora, H. R.; *Temas contables y financieros*, Buenos Aires, Macchi, 1969.

Biondi, M.; Zandona, M. C. de; *Fundamentos de la contabilidad*, Buenos Aires, 1987.

Código de Comercio.

Cáceres, A.; Dreiling, P.; *El Impuesto al Valor Agregado*, Buenos Aires, La Ley, 2004.

Consejo Profesional de Ciencias Económicas de la Ciudad de Buenos Aires, Resolución MD 11/2003: "Cuestiones de Aplicación General".

Diez y Coto, *Monotributo*, Buenos Aires, La Ley, 2004.

Fernández, L.; *Diccionario fiscal, económico y contable: vocabulario de Finanzas Públicas*, La Ley, 2007.

Fowler Newton, E.; *Contabilidad Básica*, Buenos Aires, *La Ley*, 2004.

Frischknecht, F.; *El sistema administrativo de la organización (Teoría de la Administración)*, Universidad de Buenos Aires, Facultad de Ciencias Económicas, 1971.

Gilli, J. J. [et. al.], *Diseño organizativo. Estructura y procesos*, Buenos Aires, Granica, 2007.

Jolley, J. L., *Ciencia de la información*, Madrid, Guadarrama, 1968.

Kennedy, R. D.; Mc Mullen, S. Y.; *Estados Financieros*, México, Unión Tipográfica Editorial Hispano Americana, 1971.

Knowles, W. H.; *Principios de Dirección de Personal*, Madrid, Rialp, 1960.

Lazzati, S. C.; *Ensayos sobre teoría contable*, Buenos Aires, Macchi, 1972.

Leone, F. H., *Vademécum Empresario*, Buenos Aires, Ergón, 1970.

Ley de Sociedades Comerciales 19.550.

Lezanski, P.; Mattio, A.;Merino, S.; Pasquali, S.; *Sistema de Información Contable 1*, Buenos Aires, Kapelusz, 2000.

López Santiso, H.; *Fluctuaciones monetarias*, Buenos Aires, Macchi, 1969.

Mautz, R. K.; *Fundamentos de Auditoría*, Buenos Aires, Macchi, 1970, tomos 1 y 2.

Mochón Morcillo, F.; Becker, V.; *Economía, principios y aplicaciones*, Madrid, Mc Graw Hill, 1996.

Normas Profesionales Contables. Texto ordenado 2006. Tomo 1. Fondo Editorial del Consejo EDICON.

Onida, P.; *El Balance de Ejercicio en las empresas*, Buenos Aires, El Ateneo, 1951.

Pakman, Margolis y Atelman, *Análisis e interpretación de los Estados Financieros*, Buenos Aires, Club de Estudio, 1972.

Perel, V.; López Giménez, J.; *Manual de presupuesto*, Buenos Aires, Macchi, 1968.

Pronunciamiento N° 4 de la Junta de Principios Contables del Instituto Norteamericano de Contadores Públicos (AICPA): "Conceptos Básicos y Principios de Contabilidad Subyacentes en los Estados Contables de las Empresas"; traducción de José Urriza, Universidad de Buenos Aires, Facultad de Ciencias Económicas, 1972.

Resoluciones Técnicas N° 4,5,6,7,8,9,11,14,15,16,17,18,21, y 22. FACPCE. Texto ordenado. Con las modificaciones introducidas por las RT 19 y 20, 2003, Buenos Aires, Macchi.

Samuelson, P.; *Curso de Economía moderna*, Madrid, Akal, 1973.

Senderovich, I. A.; *Contabilidad introductoria y básica*, Buenos Aires, Kapelusz, 1990.

Se terminó de imprimir en el mes de marzo de 2018
en Altuna Impresores SRL
Doblas 1968 (C1424BMN), Ciudad Autónoma de Buenos Aires